aruco

東京で楽しむ
韓国

aruco TOKYO × KOREA

こんどの休日も、
いつもと同じ、お決まりコース？

「みんな行くみたいだから」
「なんだか人気ありそうだから」
とりあえず押さえとこ。
でも、ホントにそれだけで、いいのかな？

やっと取れたお休みだもん。
どうせなら、いつもとはちょっと違う、
とっておきの1日にしたくない？

『aruco』は、そんなあなたの
「プチぼうけん」ごころを応援します！

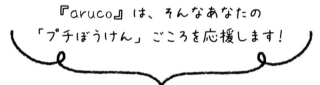

女子スタッフ内でヒミツにしておきたかったマル秘スポットや穴場のお店を、
思い切って、もりもり紹介しちゃいます！

行かなきゃやっぱり後悔するテッパン名所 etc. は、
みんなより一枚ウワテの楽しみ方を教えちゃいます！

「東京でこんなコトしてきたんだよ♪」
トモダチに自慢できる体験がいっぱいです。

もっともっと、
新たな驚きや感動が
私たちを待っている！

さあ、"東京で楽しむ韓国"を見つけに
プチぼうけんにでかけよう！

arucoには、あなたのプチぼうけんをサポートする
ミニ情報をいっぱい散りばめてあります。

arucoスタッフの独自調査によるおすすめや本音コメントもたっぷり紹介しています。

もっとお得に快適に、限られた時間で旅を楽しみつくすテクニックや裏ワザを伝授！

プチぼうけんプランには、予算や所要時間の目安、アドバイスなどをわかりやすくまとめています。

■発行後の情報の更新と訂正について
発行後に変更された掲載情報は、『地球の歩き方』ホームページ「更新・訂正情報」で可能な限り案内しています（ホテル、レストラン料金の変更などは除く）。旅行の前にお役立てください。
URL book.arukikata.co.jp/support/

知っておくと理解が深まる情報、アドバイスetc.をわかりやすくカンタンにまとめてあります。

右ページのはみだしには編集部から、左ページのはみだしには旅好き女子のみなさんからのクチコミネタを掲載しています。

物件データのマーク

 ……住所
……電話番号
……営業時間、開館時間
……休館日、定休日
……料金、予算

……予約の必要性
……交通アクセス
URL……ウェブサイトアドレス
……インスタグラム

MAPのおもなマーク

 ……見どころ
R……レストラン＆バー
C……カフェ
S……ショップ

H……ホテル
B……ビューティ＆スパ
E……エンターテインメント

本書は2021年3～5月の取材に基づいていますが、記載の営業時間と定休日は通常時のものです。特記がない限り、掲載料金は消費税込みの総額表示です。
新型コロナウイルス感染症対策の影響で、営業時間の短縮や臨時休業などが実施され、大きく変わることがありますので、最新情報は各施設のウェブサイトやSNS等でご確認ください。
また掲載情報による損失などの責任を弊社は負いかねますのでご了承ください。

東京で韓国をプチぼうけん！
ねえねえ、どこ行く？なにする？

東京には韓国を感じられる
スポットがいっぱい！
韓国LOVERもナットクの体験を
ピックアップ♡
ビビッときたものには
ハナマル印をつけておいて！

新大久保が激アツなんだって？
新店から攻略しなきゃ　**P.20**

韓国コスメを揃えて最新オル
チャンメイクで垢抜け！　**P.26**

かわいいが渋滞♡ 全方向スキ
なしのカフェスタグラム　**P.30**

どっぷり韓国気分に浸れちゃう
これは絶対やりたい！ 食べたい！ ゲットしたい！

おいし〜
ストーリーに
UPしょ♪

どのコも食べちゃうのもったいない？
でもおいしっ ^^　　P.42

魅惑のラインアップに
食べたいもの多すぎ問題発生中（笑）　　P.48

突然襲ってくる韓国グルメ欲に
備えて常備しとかなきゃ　　P.58

東京に大集合したイケてる
韓国ブランドで気分はヒロイン　　P.64

クリエイターメイドのおしゃれな
韓国雑貨に囲まれたい！　　P.70

今いちばん買うべきアイテムは？
メイクさん教えて！　　P.76

カムバのたびにドキドキ♡
同じ時代に生きていてよかった　　P.92

東京も韓国も。"旅が好き"な
気持ちは誰にも止められない　　P.99

5

Contents

aruco 東京で楽しむ韓国

- 8 韓国を感じる！東京かんたんエリアナビ
- 14 aruco 最旬 TOPICS
- 16 東京で楽しむ韓国 aruco的★究極プラン

♥ **SPECIAL INTERVIEW**
- 10 ONF
- 12 AB6IX

19 東京で"アンニョン"が通じる場所へプチぼうけん！

- 20 ①東京にいることを忘れちゃう!?　ディープでかわいい新大久保♡探検
- 26 ②メイクアップアーティストの技キラリ☆　モチベが上がる♡韓国メイク
- 28 ③女神の巻き髪　"ヨシンモリ"は本場韓国系ヘアサロンにおまかせ！
- 30 ④ソウルを旅している気分になれる♪　フォトジェニックな #韓国カフェ
- 32 ⑤K-POPアイドルのダンサーが講師に！　推しのダンスにトライ
- 34 ⑥セロイも納得の再現度！　あのドラマの名物料理にチャレンジ
- 38 ⑦推し不在の誕生日会で　ヲタ友とセンイルチュカヘヨ〜♡

41 インスタ映え最強　至福の韓国グルメ　ガッツリいただこ♪

- 42 次々と押し寄せる甘〜い誘惑 話題の韓国発sweetsをフォロー
- 48 至福の韓国グルメ8連発 東京でいただきま〜す
- 58 aruco調査隊① 新大久保「ソウル市場」でリサーチ 韓国スーパー売れ筋50品目
- 62 裏aruco 取材スタッフの独断TALK「私のとっておきグルメはコレ！」

63 おしゃれでポップ☆　いまが"買い"韓国発アイテム

- 64 東京K-Fashionの聖地で 韓ドラヒロインなりきりコーデ
- 70 手ぶらでは帰れない！ 今をときめく韓国クリエイターの雑貨の世界へようこそ〜
- 72 日本でもベストセラー！ 今読みたい韓国の本10冊
- 74 aruco調査隊② あの話題のブランドも！ 日本語で買える公式オンラインSHOP10選

75 自分磨きのために Kビューティ 力を貸して！

- 76 全アイテム東京で買える！ メイクのプロ監修 韓国最旬コスメ
- 83 aruco調査隊③ 飲むだけでキレイになれる！ 自分にぴったりな韓方茶を徹底サーチ

6

85 🎵 韓国エンタメはもう空気！ ないと生きていけない いま最大のお楽しみ

- 86 もうブームではなく日常！ 何度も観たくなる ドラマ・映画・マンガ
- 92 週6生放送の韓国歌番組をリアタイ！ 日本にいながら推しに1位を〜
- 94 いつでも神席！ おうちがライブ会場！ オンラインコンサート&ミュージカル
- 96 日々推しのことでアタマがいっぱい♡ まだまだある！ ヲタ活ZAPPING

99 👣 TOKYOに点在する韓国をてくてく そのまま一気にソウルまで！

TOKYO
- 100 日本を代表する流行発信地☆ 原宿〜表参道〜渋谷で交差するKカルチャーHopping
- 102 ARMYはチェック済み？ BTS JIMIN & JUNG KOOKの『G.C.F in Tokyo』おさらいさんぽ
- 104 プラスαの体験が盛りだくさん！ 新大久保のお隣タウン新宿〜四ツ谷で新旧韓国を探索
- 106 新大久保だけじゃない 東京の元祖コリアンタウン赤坂・麻布十番・東上野

SEOUL
- 108 次の韓国旅行はまずここから！ ドラマの世界へダイブする『梨泰院クラス』ロケ地さんぽ
- 110 韓国ドラマ大好き♡ ソウル1DAYロケ地巡りで感動のシーンをプレイバック！
- 112 人気スポットをまるっと☆ 楽しい・かわいい・おいしい はじめてのソウルツアー

MAP
- 114 東京周辺図
- 116 東京中心
- 117 新大久保／新宿
- 118 渋谷・原宿・表参道・代官山
- 119 上野／赤坂・麻布十番
- 120 かんたん韓国語会話
- 122 韓国料理図鑑
- 124 東京交通ガイド＆韓国雑学Q&A
- 126 インデックス

aruco column
- 40 オンライン韓国語学留学のススメ！
- 84 美容大国の知恵と技術を日本で体験
- 98 韓国大手芸能事務所の最新News

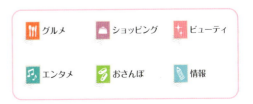

グルメ　ショッピング　ビューティ
エンタメ　おさんぽ　情報

韓国を感じる！ 東京かんたんエリアナビ

東京は人が多くて交通機関も複雑。初めてだとドキドキが止まらないけど
まずはここでざっくり予習。深呼吸したら、大好きな韓国を求めてダイブ！

主要&注目エリア
Korea in Tokyo

明洞さながらのリトルコリア
新大久保　P.20

駅の改札を出たとたん異国情緒たっぷりの韓国好きにはたまらない街。道を歩けば韓国語とハングルがあふれ返り買・食・遊に大興奮。

新旧の韓国体験が楽しめる！
新宿・四ツ谷　P.104

東京都庁がありナイトライフも盛んな新宿には、韓国系スポットが増加中。四ツ谷には駐日韓国文化院があり韓国料理の名店が多い。

韓国人気ブランドはこのエリアに上陸
渋谷・原宿・表参道
P.100,102

再開発が進む渋谷から原宿・竹下通りに、少し大人のセレブタウン表参道。世界中が注目する流行の発信基地は、韓国も見逃さない。

Area Navi

お忍び来日スターの隠れ家も！
恵比寿・代官山・中目黒

日本の芸能人が多く出没するエリアには親交のある韓流&K-POPスターもこっそり。また、オンニ御用達ブランドや韓国っぽカフェ、韓国の本を取り扱う大型書店なども点在。

韓流&K-POPスター出没率No.1　P.106
赤坂・麻布十番・六本木

このエリアに宿泊するスターが多く、ファンの目撃情報も。『梨泰院クラス』(P.87)日本版は六本木が舞台。麻布には駐日大韓民国大使館と領事館がある。

便利なターミナル駅もCheck!

新幹線や羽田空港から
品川
東海道新幹線や東海道線などで東京へ来て、山手線外回りの駅を目指すなら、品川駅で下車するのが便利。羽田空港からも京急線（快特）でたった14分。

8路線が乗り入れ
池袋
山の手エリア3大副都心のひとつで、茨城、栃木、群馬、埼玉、神奈川からも路線が乗り入れている巨大ターミナル駅。地下鉄は3路線で、丸ノ内線の起点。

東京の主要イベント会場の最寄り駅LIST

東京ドーム
JR・地下鉄水道橋駅／地下鉄後楽園駅ほか

国立代々木競技場第一体育館
JR原宿駅／地下鉄明治神宮前（原宿）駅

東京国際フォーラム
JR・地下鉄有楽町駅／地下鉄日比谷駅ほか

Zepp Tokyo
ゆりかもめ青海駅／りんかい線東京テレポート駅

Zepp DiverCity
ゆりかもめ台場駅／りんかい線東京テレポート駅

国際都市TOKYOの玄関口
東京駅

国の重要文化財に指定されている丸の内駅舎は、旧ソウル駅にそっくり。それもそのはず東京駅の設計者の弟子が日本植民地時代に設計。国際フォーラムへはここからも。

唯一のミシュラン星付き店が
銀座

日本を代表するハイソな街には星付き韓国料理店「尹家」があり、またビブグルマンに選ばれた「王十里サランチェ」も。並木通りにはカップホルダー配布のカフェもある。

ライブやイベント多数の聖地
台場

ふたつのコンサートホールZeppがあり、フジテレビ関連やヴィーナスフォートではイベントも多く、韓流＆K-POPスターのファンは思い出もたくさん。有明、豊洲も近い。

レトロな焼肉屋さんが集結
浅草

国際色豊かな街でありながら、意外に知られていないのが国際通りとひさご通りに挟まれた裏路地にあるコリアンタウン。昔ながらの激ウマな焼肉屋さんが軒を連ねる。

都内最古のコリアンタウン!
上野 P.107

上野と御徒町の間に位置する東上野は、1948年から続く人ぞ知る韓国グルメの激戦エリア。キムチ専門店も並び、ほかでは味わえないディープな体験が楽しめる。

ONF

SPECIAL INTERVIEW

日韓で活動しているONF。2020年9月には待望の日本ファンクラブがオープン！SHIBUYA109にて「ONF SPIN OFF POP UP STORE」開催。「KCON:TACT」や「DREAM CONCERT」でのオンラインライブと、こんな状況でもファンを楽しませてくれたONFにソウルでの近況や日本のことを直撃！

E-TION イーション

HYOJIN ヒョジン

J-US ジェイアス

Q おうち時間でハマったことやお気に入りは？

HYOJIN：ドラマ『秘密の森 ～深い闇の向こうに～』。映像の美しさと人物の感情ラインが、一度観たらハマってしまう没入度の高い作品でしたね。

E-TION：ヘッセの小説『デミアン』を読みました。自分の内面を見つめたり、より成長するために何が必要かをあらためて考えるきっかけになりました。

J-US：IU先輩の『LILAC』をよく聴いています。ドラマ『ヴィンチェンツォ』(P.86)はダークな魅力で、ソン・ジュンギさんの役柄がとてもかっこよかったです。あと、Uに教えてもらった日本のアニメ『ハイキュー!!』がおもしろかったです！

WYATT：アメリカ映画『素晴らしきかな、人生』を観ました。主人公がすべてを悟って再び立ち上がる場面はおすすめです！

MK：チ・ヨンソン先輩の『願い』を久しぶりに聴いています。ほかにはPCをいじったり、以前ハマったゲームをまたやり始めています。

U：J-US兄さんにもすすめたアニメ『ハイキュー!!』を観ています。SEVENTEENのHOSHI先輩の『Spider』はパフォーマンスがとてもかっこよくて、映像をすべて逃さず観ました！Brave Girls先輩の『We Ride』も曲の雰囲気やリズムが好きで毎日聴いています。

Q 最近ハマっている食べ物は？

HYOJIN：フレンチパイというお菓子。食べるときにパイの粉がたくさん落ちますが……。牛乳と一緒に食べなくてもパサパサしないし、上にのっているジャムが本当においしいです！

E-TION：咸興冷麺（ビビン冷麺P.57）が好きです。みなさんもぜひ一度食べてみてください。

J-US：僕はロゼトッポッキ（トマトソースのトッポッキ）とチピタン（チーズピザタンスユク＝チーズピザ酢豚）。デリバリーや夜食として人気です。斬新でおいしい！

より忘れられない活動になりました。『Ugly Dance』の僕の「1and 2and 3and」がかっこいいポイントです。

大きなパワーをもらいました。『Beautiful Beautiful』の僕のパート「블리노래（ブルロノレ＝歌ます）」は、インパクトが強くて、たくさんの人に覚えてもらいました。

WYATT：セコムダルコム（チューイングキャンディ）。あまり好きでよく食べているので、メンバーによくからかわれます……。

MK：チャパゲティ（P.60）にチョンガキムチ（ダイコンのキムチ）とサムギョプサル（P.50）を合わせて食べるのですが、チャパゲティとサムギョプサルの脂っぽさがチョンガキムチで中和されて相性抜群です。

U：最近タッパル（鶏足の激辛炒めP.53）にハマりました。前はあまり好きじゃなかったんですが、あるとき急に食べたくなって頼んでから大好きに。辛くて妙に中毒性があります。タッパルにはケランチム（蒸し卵料理）とチュモクパブ（おにぎり）がセットになっていることが多いんですが、本当におなかいっぱいになります。

Q 来日時に行ったお気に入りスポットは？

HYOJIN：いろんな寿司を食べました。日本に行ったらもう一度食べにいきたいです。

E-TION：原宿と渋谷。店がたくさんあるし若い人が多いので、青春のエナジーを感じられます。

J-US：原宿に行ったとき、おしゃれな服が

僕たちの曲を聴いて元気が出ると言ってもらって、とてもうれしかったです。『Ugly Dance』の2節パートで僕がWYATTを飛び越えるところが1番です！

たくさんあったけど買えずに帰ってきたので、次は原宿でショッピングがしたい！

WYATT：福岡です。アニメでもよく出てくるから、親しみを感じています。

MK：大阪の金龍ラーメン。日本への初旅行で行ったのですが、あの味が忘れられません！

U：ユニバーサル・スタジオ。小さい頃からよく遊びにいっていたのですが、何度行っても本当に楽しくて。今度はメンバーと一緒に行って、写真をたくさん撮って、おいしいものをたくさん食べて、楽しい思い出をつくりたいです。

My Name Is……ONF☆

1stフルアルバム『ONF：MY NAME』のタイトル曲『Beautiful Beautiful』が歌番組で初の1位を獲得。リパッケージアルバム『CITY OF ONF』の初動売上が自己最高記録を更新、主要音楽配信サイトで1位獲得。過去最高の活動となった感想と「僕のここが1番！」を教えてもらいました。

ONF オンエンオフ
2017年8月韓国デビュー。日本人メンバーひとりを含む6人組。ファンの呼称はFUSE（ヒューズ）でファンクラブ名と同じ。URL onf-official.jp

WYATT ワイアット
自由奔放な構成とかっこいいパフォーマンスをお見せできたと思います。『Ugly Dance』のパートでの僕のインストが小さくなっていく部分、セクシーじゃないですか？

MK エムケイ
活動中、一曲一曲すべて、FUSEのことを思いながら歌いました。『My Name Is』の自己紹介、レモンのようなさわやかな僕の声と合っていてかわいいでしょ♡

たくさんの人に愛された本当に幸せな活動だったと思います。『Beautiful Beautiful』『Ugly Dance』のパフォーマンスでダンスパートを多く担当しました。ダンス部分が1番かっこいいです。

U ユー

景色がどんなふうなのか、この目で見てみたいです。
MK：タコ焼きとお好み焼きが食べたいです。有名な店を探して味わいたいです！
U：東京バナナが買いたいです。おいしすぎてハマっています。メンバーとディズニーランドにも行きたいです。小さい頃に行ったけど、あまり覚えていないので、また行ってみたいです。

Q arucoの読者にソウルのおすすめスポットを教えてください。

HYOJIN：望遠洞ⓐ。おいしい店がたくさんあります。ぜひグルメツアーをしてみてください。近くに漢江ⓑへ続く道があるのですが、漢江で自転車に乗るのもおすすめです。
E-TION：駱山公園ⓒ。天気のいい日の夕焼けがきれいで風が気持ちいいです。中心部なのに自然を感じながらヒーリングできる場所です。
J-US：ロッテワールドタワーⓓ。展望台からソウルの景観が楽しめるそうです。僕もまだ行ったことがないので行ってみたい！
WYATT：延南洞ⓔ。かわいいカフェやお

いしいレストランがたくさんあります。独特な感性のユニークなスポットも多いので楽しいですよ。
MK：Nソウルタワーⓕ。昼はタワーへ行く散策路で自然を眺めながら歩いてヒーリングできます。夜には展望台から美しい夜景が眺められます。
U：益善洞ⓖ。伝統家屋の韓屋（ハノク）が残っていて、おいしい店やカフェがたくさんあります。ソウルに来たら、ぜひ行ってみてください。

Q 日本のFUSEにメッセージをお願いします。

HYOJIN：会えなくて本当に残念ですが、いつも僕の心の中にはFUSEたちがいるということを忘れないでいてください！愛しています！
E-TION：一日も早くFUSEと一緒にステージを楽しみたいです。近い距離にいるのに会えなくてとても残念。早く会いたいです。愛しています。
J-US：日本のFUSE〜！お元気ですか！今すぐ会いたいのに、画面を通してしか会えないのがとても残念です。いつもみなさんが目の前にいてくれると思ってすべてのステージを一生懸命やっていきます。愛しています。もっとよい音楽をお聴かせできるようにがんばります。
WYATT：いつも応援して愛をくれるおかげで僕たちONFが今こうして幸せでいられるのだと思います。みなさんがくれる幸せをいつも忘れずにお返ししていきます。愛しています。
MK：いつも応援してくれて本当にありがとうございます。僕たちが会うのは難しいですが、いつもそばにいると思って過ごしていきます。一日も早く会いたいですね。本当に感謝しています。いつも愛しています。
U：最後に日本で公演をしてからもう1年以上過ぎてしまいました。状況がよくなったら必ず会いにいきますので、そのときまでお元気で、毎日がんばってください。みなさんがつらいときに僕たちが気分のいいエナジーになれるように、もっと一生懸命がんばります。愛しています。

次回東京に来たらやりたいことは？

HYOJIN：コンビニでパンを買いたいです。前に日本のコンビニで買って食べたチョコパンの味が忘れられません。
E-TION：寿司とラーメンが食べたいです。日本に長い間行けてないので、食べたいですね…。
J-US：まだ日本で花見や桜祭りに行ったことがないので、東京でゆっくり桜を見てみたいです。
WYATT：東京タワーに登りたいです！外からは何度も見たのですが、上から見える

ソウルのスポットはP.112〜113参照

SPECIAL INTERVIEW

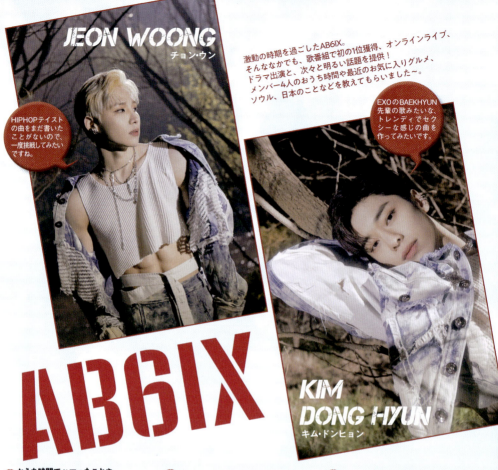

JEON WOONG
チョン・ウン

HIPHOPテイストの曲をまだ書いたことがないので、一度挑戦してみたいですね。

激動の時期を過ごしたAB6IX。そんななかでも、歌番組で初の1位獲得、オンラインライブ、ドラマ出演と、次々と明るい話題を提供！メンバー4人のおうち時間や最近のお気に入りグルメ、ソウル、日本のことなどを教えてもらいました〜。

EXOのBAEKHYUN先輩の歌みたいな、トレンディでセクシーな感じの曲を作ってみたいです。

KIM DONG HYUN
キム・ドンヒョン

AB6IX

おうち時間でハマったことやお気に入りは？

WOONG：EXOのBAEKHYUN先輩の『Bambi』という曲をたくさん聴いています。声が本当にすてきで、MVもきれいで、先輩もかっこいいです！

DONG HYUN：ドラマをよく観ています。演技の勉強にもすごく役立つので。最近までソン・ジュンギさんが主役のドラマ『ヴィンチェンツォ』(P.86)にハマっていました。

WOO JIN：『ミスター・サンシャイン』というドラマにハマって一気観しちゃいました！音楽では、ラッパーのASH ISLANDさんの曲をよく聴いています。

DAE HWI：おうち時間で『ペントハウス』を観ました！上流階級の実態を描いたドラマなのですが、ストーリー展開が早くて没頭して観ちゃいました。いつか僕もあんなドラマで演技してみたいです。

最近ハマっている食べ物は？

WOONG：僕はノビアニ（宮廷風焼肉）です。甘辛いタレに漬け込んだ牛肉を網で焼くだけで簡単においしい食事ができあがるので気に入っています。

DONG HYUN：卵醤油かけご飯です(笑)材料が少なくていいし作るのも簡単でしょ。そして何より！味がとってもおいしいんです♡

WOO JIN：最近特にテジクッパ（豚肉スープご飯 P.56）にハマっています。量もたっぷり食べられるし味もおいしいので。みなさんもしっかり食べたいときにおすすめです。

DAE HWI：コプトリタンです！タッポックムタン（鶏の甘辛炒め煮）にコプチャン（ホルモン）を入れて作った料理なのですが、肉のうま味がた〜っぷり詰まったホルモンとモチモチ食感の鶏肉が出会って、口の中でまるでワルツを踊っているような最高の味です！

来日時に行ったお気に入りスポットは？

WOONG：表参道が印象的でした。通りがきれいだし、おいしくて雰囲気のいいカフェやレストランがたくさんあるので、今度日本に行ったら表参道で遊びたいです。

DONG HYUN：スープカレーのSAMURAIが大好きで、僕の人生最高のカレー屋さんです！日本に行けるようになったら絶対にまた食べにいきたい！

WOO JIN：おいしくて記憶に残っているラーメン屋があるのですが、店の名前が思い出せない……。でもすご〜くおいしかったです。

DAE HWI：日本に住んでいるいとこのお兄さんが3代でやっているお肉屋さんが京都府舞鶴市にあって、日本へ行くたびに訪問しています。

12

AB6IX エイビーシックス
2019年5月韓国デビュー。デビューショーケースチケットはわずか30秒で完売。2019年9月、ABCマート「NIKE COURT VISION」の日本イメージキャストに抜擢され話題に。2020年「Asia Artist Awards」で"歌手部門・アイコン賞"を受賞した。ファンの呼称はABNEW（エビニュー）でファンクラブ名と同じ。
[URL] www.ab6ix.jp

う〜ん、今ぱっとコンセプトが浮かんでこないのですが……。ファンが見たいと思っているコンセプトで曲を作って、アルバムでお見せしたいなと思っています！

PARK WOO JIN
パク・ウジン

僕は、爆発的な感情がにじみ出て聴く人に響きを与えられるようなダイナミックな曲を作ってみたいです。

AB6IX's BRANDNEW Future
デビュー前にDAE HWI作詞・作曲・編曲、WOO JIN振り付けの『HOLLYWOOD』を発表し衝撃を与えたAB6IX。1stミニアルバム『B:COMPLETE』は全曲、メンバーが作詞・作曲・編曲・パフォーマンスディレクションを担当。その後もメンバー個々の才能が詰め込まれたアルバムを次々と発表し、完成形アーティストドル（アーティスト＋アイドル）として注目を浴びている。そんな人に今後作ってみたい曲のコンセプトやヒントを少しだけ教えてもらいました。

LEE DAE HWI
イ・デヒィ

次回東京に来たらやりたいことは？
WOONG：東京の焼きそば専門店でメンバーと一緒においしい焼きそばを食べて、街の雰囲気を感じながら楽しく遊びたいです。
DONG HYUN：インターネットを見ていて偶然"ちゃんこ鍋"という料理があることを知りました。それをすごく食べてみたいです。
WOO JIN：お好み焼き、ラーメン、すき焼きを食べにいきたいです。僕が大好きな日本料理トップ3です。
DAE HWI：東京は美しい都市ですよね。そして東京と同じくらい美しいABNEWたちにライブ会場で実際に会って楽しい時間を過ごしたいです。そして、日本にいる小学校時代の友達にも会いたいです。

arucoの読者にソウルのおすすめスポットを教えてください。
WOONG：南山ⓗです。ソウルのランドマークでもあるし、Nソウルタワーⓕからの夜景も本当にきれいです。
DONG HYUN：昌徳宮ⓘがおすすめです。建物自体が自然と調和して美しいですし、昌徳宮独特の雰囲気に心をつかまれると思います。
WOO JIN：僕も南山ⓗがおすすめです。僕もあまりたくさんは行っていないのですが、昼に散策路を歩くと気分がよくなりますし、夜はソウルの夜景が目を楽しませてくれます。
DAE HWI：僕のおすすめはロッテワールドⓓです。ソウルの都心にテーマパークがあるなんて、とてもすてきじゃないですか？コロナが収まったらぜひ遊びにきて楽しい時間を過ごしてもらいたいです！

日本のABNEWにメッセージをお願いします。
WOONG：（すべて日本語で回答）日本のABNEWのみなさん♡ 最近はコロナで行けなくなっちゃいましたが いつも心だけはそばにいます！ 本当にありがとうございます♡ 愛してます！！
DONG HYUN：いつも遠くから僕を応援してくださって大事に思ってくださって本当にありがとうございます。僕たちAB6IXももっとがんばってよい姿をお見せしていきます。
WOO JIN：とても会いたいです。いつも応援してくださって待っていてくださってありがとうございます。一緒に幸せになれるように、お返ししていきます。ありがとうございます。
DAE HWI：日本のABNEW〜！待っている時間はつらいですよね？「苦労の末に楽がくる」という韓国のことわざがあります。その言葉のように、今のつらい時間が過ぎて一緒に幸せに過ごせる時間が必ずきますので、もう少し待っててください！

*ソウルのスポットはP.112〜113参照

aruco最旬 TOPICS
いまホットなニュースをピックアップ！

窓の外はJR線！

부산역 Busan Station 釜山駅

ふわふわ チュクミサムギョプサル

ふわふわ わたあめ

わたあめの下にイイダコ

薄切りサムギョプサル

ふわふわ わたあめ

ふわふわ ナッコプセ

手長ダコ

エビ

ホルモン

新大久保駅の次は～釜山駅？？？電車の中で韓国料理食べ放題！

店内に一歩入ったらそこは釜山駅！

1,2. 食べ放題専門店。メインメニュー1品＋フードバー＆フリードリンク。ランチ90分2178円～、ディナー90分2728円～。メインメニューは6種類から選べる

3. オレンジは釜山の地下鉄1号線のカラー。釜山は韓国第2の都市、南浦は魚市場のある港町、西面は商業施設が集まる繁華街 4. トッポッキや韓国チキン、キムパッなどの韓国料理が食べ放題

2021年4月、新たなユニークレストランが新大久保に仲間入り。店名はなんと「まもなく釜山駅」。電車や駅がコンセプトで、店内の窓からは実際にJR線の電車が走っているのが見える！

まもなく釜山駅 マモナクプサンエキ
🗺 P.117-A1　新大久保
🏠 新宿区百人町2-3-20 3F　📞03-6380-3676　🕐11:00～23:00（ディナー15:00～、最終入店21:30）　休無休
🚶JR新大久保駅から徒歩2分　📷mamonaku_busaneki

あの有名格付けガイドが選定！東京で食べるべき韓国料理

『ミシュランガイド』のビブグルマンは、惜しくも星は付かないものの、6000円以下で価格以上の満足感が得られる飲食店に与えられる賞。グレイスは、2016年から6年連続でビブグルマンを受賞。世界有数の美食都市・東京で選ばれる韓国料理を堪能しよう！

グレイス
麻布十番 → P.107

1. 1羽の参鶏湯のほか、テジボッサムも付く鳳凰（ボンファン）コース1人分5830円　2. 半参鶏湯、石焼ビビンバ、半韓国冷奴など7種の料理にデザート、ドリンクが付く七色（セットン）コース1人分4180円。コスパ抜群！

東京で楽しめる韓国コンテンツの話題が盛りだくさん。ニューオープンや日本初上陸、知っておきたい旬の情報をギュッとまとめてお届け！

ファッショニスタが注目する 60％って知ってる？

韓国ファッションは日本でもファンが急増中。なかでも、えりすぐりの韓国ブランドが購入できると話題の60％。アジアブランドを取り揃えるオンラインセレクトストアで、最旬ブランドの日本初上陸が加速しているので目が離せない！

60％ → P.74

1. 元気で楽しく明るいスタイルを提案するROLA ROLA @rolarola.official 2. 多くのセレブリティが愛用する世界的ブランドKYE @kye_official 3. ドラマ『サイコだけど大丈夫』(P.87)で話題のジュエリーJAMIE&BELL @jamieandbell 4. レトロポップなスタイルがSNSで話題のNEONMOON @neonmoon_official 5. 20〜30代向けの大人カジュアルスタイルのNAIN @nain_official

サブカル系女子に人気

JAMIE & BELL

美肌男子いんくんのヒミツは低刺激でオーガニックな手作り石鹸

いんくんの料理教室 → P.34

モデル経験もある料理研究家のいんくん。"かわいすぎる"そのワケは、なんといっても美肌！ 過去にはUVアレルギーで悩んだこともあるといういんくんが愛用しているのが手作り石鹸。オンラインで購入できるほか、ランチつきの石鹸教室も開催。

インソープ insoap
URL insoap.stores.jp

1. はちみつ石鹸（保湿・角質）1個900円 2. いんくん自ら手作りしている石鹸insoap 3. ミント保湿石鹸（毛穴掃除・保湿・殺菌）1個1200円 4. 黒米石鹸（シミ・美白・保湿）1個1100円

中目黒に超ハイレベルなアーティストアカデミーが開校

東京にいながら韓国芸能事務所の育成メソッドを取り入れ、ダンス、ボーカルはもちろん、オーディションに勝ち抜くために必要な韓国語まで徹底指導。講師陣は世界で活躍中の日韓プロデューサーを揃え、1年後にはオリジナル楽曲のリリースを目指す！

SPECIAL1 ENTERTAINMENT ACADEMY
スペシャルワンエンターテインメントアカデミー

Map P.116-C1 中目黒

目黒区上目黒2-9-35中目黒GS第2ビルB1F ワンクロ中目黒エンターテイメントスタジオ
東急東横線、地下鉄中目黒駅から徒歩2分
@special1academy

TWICEモモの実姉hanaも！

1. ダンスディレクターを務め、ワークショップも開催 2,3. レッスン受講にはクラス分けのオーディションあり。オンラインのアカデミーも開校予定

思わず二度見！推しがタクシーで東京を走行

8パターンのヴィンチェンツォ♡

『ヴィンチェンツォ』の広告は都内50台のタクシーで2021年6月14〜27日に展開

ソン・ジュンギ演じるヴィンチェンツォ・カサノがタクシーの車窓からこちらを狙っていると思ったら、ガラス製透明スクリーンに投影された『ヴィンチェンツォ』(P.86)の広告。いよいよ広告はタクシーの車窓をジャックする時代に。ヲタクが推しの広告を出せる"ファン広告プロジェクト"もあるので、次の記念日や誕生日にぜひ！

THE TOKYO MOBILITY GALLERY
Canvas ザトウキョウモビリティギャラリーキャンバス
URL growth-tokyo.jp

ファン広告プロジェクト 詳しくは「ファン広告リリースの件」と記載して下記から問い合わせ

Makuake マクアケ
URL www.makuake.com/apply/fom/

Canvas×Makuake

"ファン広告プロジェクト"は2社のコラボ企画

東京で楽しむ韓国 aruco的 究極プラン

東京を刺激的に遊ぶなら、「韓国」テーマがおすすめ！
話題の韓国グルメ三昧or韓国発アイテムをゲットorヲタ活にどっぷりな1日♡
自分だけの超ハッピーな韓国体験にハマる3プランをご紹介！

Plan 01 おいしいものだけ追いかけて！ グルメ探求プラン

メディアに次々と登場する韓国発バズグルメ。
ビジュアルのインパクトも強烈で、常に話題の的。
ごはん系もおやつ系も全部まとめて食べ尽くそう！

18:00 「新大久保」でおさんぽ＆遊び体験 P.22

↓ 徒歩2分

11:00 「いんくんの料理教室」に参加 P.34

豚ひき肉炒めていきま〜す

↓ 地下鉄20分

15:00 「ㅊa(Cha Aoyama)」でお持ち帰り用のタルゴナミルクティーGet P.44,47

↓ JR10分

16:00 新大久保へ移動して「市場タッカルビ＆BBQ Chicken」でモッパン！ P.48,55

新大久保1食目はチキン！

↓ 徒歩2分

17:00 「ソウル市場」で料理教室で習った料理の材料やお菓子などを購入 P.58

↓ 徒歩3分

20:00 「ヨプの王豚塩焼」でサムギョプサル P.50

↓ 徒歩4分

22:00 「MACAPRESSO」でトゥンカロンを購入 P.25,42

かわいく箱詰めにしますよ

↓ 徒歩4分

22:30 「Cen DIVERSITY HOTEL & CAFE」でパジャマパーティ P.23

16

Plan 02 物欲全開で東京を駆け巡る！
お買い物プラン

SNSで目を付けていた韓国発ファッションやコスメ。
実際にアイテムを手に取って選べるのがいいね。
どれもこれも欲しくなって、物欲が止まらな〜い！

11:00 予約した「depound」からスタート！ P.67

これ欲しかった新作だ！

東急東横線3分🚌

12:00 「SHIBUYA109」でショッピング P.69,101

徒歩2分

13:00 「CHICKEN TIME Soul food」でクイックランチ P.49

チキン揚げたてです

徒歩3分

13:30 「ALAND TOKYO」で最旬ファッションCheck！ P.64

韓国のトレンドが揃ってる

JR2分🚌

14:30 原宿で「韓国コスメ」本店＆ P.66,67,80
「ラフォーレ原宿」ファッション巡り

徒歩4分

16:00 「NERDY」でお買い物＆ドリンクタイム P.31,68

JR5分🚌

17:00 新宿の「DHOLIC」と「CREE`MARE」へ P.66,81

揃えてキム秘書になれる？

JR2分🚌

18:00 新大久保の「IN BUTTER」でオリジナルスマホケース作り P.21

グリップも種類豊富！

徒歩

18:30 スマホケースができるまで「新大久保ショッピング」 P.20,81

ここもチェック！

あの人気ブランドも！

韓国クリエイターの雑貨が欲しいなら P.70

実店舗で出会えなかった韓国発ブランドを買うなら P.15,74

17

Plan 03 — これがホントのリア充！ アイドル☆ヲタ活プラン

推しを妄想しながら、買い物したりお茶したりダンスを踊って歌って、ヲタ友とワイワイ。こんな充実した一日、ヲタク以外にある？

11:00 まずは「GUNHEE TOKYO」で『女神降臨』のヒロインヘアに P.28

ヨシンモリはまかせて♡ / 巻き髪でテンションアップ

徒歩10分

12:30 SHINeeファン必訪の「Salon de Louis」でランチ P.30

パールアクアグリーン！

徒歩10分

13:30 表参道〜原宿の「BTS聖地」巡り P.102

デート気分でおさんぽ♪

徒歩15分

14:30 「cafe yolum」でカップホルダーをゲット！ P.39

ヲタ活って楽しいね！

JR2分

韓国人気ブランドがいっぱい

15:30 「MAGNET by SHIBUYA109」でアイドルとお揃い探し P.69

徒歩3分

16:30 「タワーレコード渋谷店」で大型パネルを撮影してポスト！ P.97,101

徒歩1分

17:00 「En STUDIO」でK-POPカバーダンスレッスン P.32

気持ちいい〜♪

JR10分

19:30 推しの公式グッズを「韓流ショップモイザ」でCheck P.21

徒歩2分

20:00 「TONCHANG Luxury Karaoke」でK-POPを歌いまくり♪ P.23

18

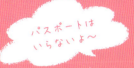

パスポートは
いらないよ〜

東京で"アンニョン"が通じる場所へプチぼうけん！

都内の一大コリアンタウンといえば、言わずと知れた新大久保。
この街をスタートして、メイクとヘアスタイルで変身したら
K-POPダンスと韓国料理を習って、フォトジェニックなカフェでお茶。
ヲタ友と合流したら、あれあれワタシ、韓国のヨジャになっちゃった♡

LET'S GO!

3 IN BUTTER
カスタムケースを作ろう
インバター

700種類以上の韓国スタイルのスマホケースを扱う。好きな文字や画像を入れられるカスタムケースもおすすめ！

Map P.117-A2 新大久保
🏠 新宿区大久保1-16-16 ☎03-6265-9444 ⏰11:00～21:00 無休 🚃JR新大久保駅から徒歩4分 📷inbutter20

1. ハリボーのエアポッズケース1540円
2. スマホケース2500円〜、エアポッズケース1500円〜でカスタムできる。仕上がりまで20〜30分
3. BTSのJUNG KOOKとお揃いのニンジンクリアケース1540円
4,5. 既存デザインのエアポッズケース1100円〜、スマホケース1540円〜

ディープでかわいい新大久保♡探検

プチぼうけん1

1. ノーセバムシカパウダー 770円
2. リフトアップパック 429円
3. ロングブーツむくみすっきりパック 605円
4. ゼロスポットパッチ54パッチ入り 935円

チャーミングクリーム1980円

4 POP SKIN
ゆらぎ肌のための機能コスメ
ポップスキン

マスクゾーンの肌荒れに😊

自社製の韓国コスメを中心に販売。肌トラブルに特化したアイテムが多く効果が期待できる。知識豊富なスタッフに相談してみて。

Map P.117-A2 新大久保
🏠新宿区大久保1-17-3 ☎03-3209-6272 ⏰11:00～20:00 無休 🚃JR新大久保駅から徒歩7分 📷popskin_cosme

5 韓流ショップモイザ
K-POP公式グッズをゲット
ハンリュウショップモイザ

K-POPのオフィシャルグッズ専門店。他店で入手困難なアイテムも見つかる充実の品揃え。オンラインライブにも使いたいペンライトをゲット！

Map P.117-A2 新大久保
🏠新宿区大久保1-16-28 ☎03-5287-6313 ⏰11:00～20:00 無休 🚃JR新大久保駅から徒歩6分 📷moiza_shinookubo

1. BTSコーヒー各594円。2本購入で非売品特典プレゼント
2. NCT関連グッズがかなり充実
3. CDやDVDの予約もOK
4. デザインがかわいい韓国ライオンのハンドソープ本体＋詰め替え550円が大人気！

韓国から入荷したばかり

クロップドシャツ 3990円

2020年9月OPEN

6 PLAC by placebo
プチプラ韓国ファッション
プラックバイプラセボ

日本在住韓国人御用達のカジュアルファッション店。韓国の最旬アパレルが続々入荷する。

Map P.117-A1 新大久保
🏠新宿区百人町2-2-3 ☎03-6233-8843 ⏰10:00～20:00 無休 🚃JR新大久保駅から徒歩1分 📷plac_shinokubo

韓国シューズの専門店がオープン。スニーカーが中心で価格は2990〜5990円と格安。

7 PLAC by placebo Shoes
韓国スニーカーが手に入る
プラックバイプラセボシューズ

2021年3月OPEN

Map P.117-A2 新大久保
🏠新宿区大久保1-17-3 ☎03-6302-1428 ⏰10:00〜20:00 無休 🚃JR新大久保駅から徒歩7分

人気スタイルです

プラットホームスニーカー 5990円

21

新大久保でできるプチ韓国体験
海外旅行気分で思い出づくり♡

トレンドに敏感な韓国ガールたちがソウルで楽しんでいる"遊び"は新大久保にも！体験認証ショットでカメラロールパンパン!?

ハナ・ドゥル・セッ

EXPERIENCE

2 おしゃれチマチョゴリを着る
韓服体験OMOIDE
ハンボッタイケンオモイデ

韓国の伝統衣装・韓服が着られるスタジオ。好きなチョゴリ（上着）とチマ（スカート）に着替え、スタジオ内のセットで自撮りが楽しめる。

1. 宮廷、並木道、風船などの背景をバックに 2. 髪飾りやメイク道具、小物も自由に使える 3. 韓服デザイナーによるチマチョゴリ。男性用韓服もある

Map P.117-A1 新大久保
🏠新宿区百人町1-3-17 足立ビル3F ☎070-7533-1333 ⏰11:00〜20:00（受付〜19:00）無休 60分4000円（高校生まで3000円）JR新大久保駅から徒歩3分 @omoide__shinokubo

1 4コマでエモい写真撮影
人生4カット
インセンネッコ

4コマ漫画風の写真が撮れる韓国式プリクラ。日本のような加工がないぶん、レトロな写真が撮れると人気。店内もキュート！

Map P.117-A1 新大久保
🏠新宿区百人町2-3-21 ⏰10:00〜22:00 無休 2枚500円 JR新大久保駅から徒歩2分 @jinsei4cut

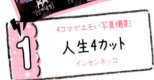

韓国制服ブランドNUGUNAの制服が着られる

K-POPのMVセットのよう

3 学園ドラマのヒロインに変身
Sepurish
セプリッシュ

韓国学生服のレンタルスポット。教室やロッカールームなどカラフルな学校セットで自撮りできる。制服を着たまま外出もOK！

Map P.117-A1 新大久保
🏠新宿区百人町2-10-1 セガ新大久保B1F ⏰10:00〜20:00（返却21:30まで）無休 90分3500円、1日4500円（学生証提示で1000円引き）JR新大久保駅から徒歩1分 @sepurish_shinokubo

1. カラーかモノクロを選択 2. カチューシャなどの小物レンタルは200円で何個でも利用OK 3. できあがったプリはスマホで撮影

4 当たると評判の恋愛占い
恋愛術師
レンアイジュッシ

ドリンク429円〜。韓国伝統茶550円〜もあり

韓国式占いカフェ。オーナーのジュウォン先生による占いでは、恋愛成就のアドバイスがもらえると評判。

Map P.117-A1 新大久保
🏠新宿区百人町2-3-23 5F ☎03-6457-6252 ⏰13:00〜20:00（L.O.19:00）無休 タロットカード1990円〜、四柱・手相3300円〜 JR新大久保駅から徒歩2分

大人気のジュウォン先生。韓国に出張していることもあるので事前に確認を

6 おしゃれに新大久保ステイ
Cen DIVERSITY HOTEL & CAFE
センダイバーシティホテル＆カフェ

新大久保にお泊まりが新しい楽しみ方。クールデザインの客室、ラグジュアリーな中庭など、都会のオアシス的空間に癒やされる。

Map P.117-A1 新大久保
🏠新宿区百人町1-5-19
☎03-6278-9901 ⏰IN 15:00
OUT 10:00 💴1万円〜 🛏44
Pなし ⓔJR新大久保駅から
徒歩7分 @hotel_cen

41室がダブルルーム、3室がデラックスルーム

プチぼうけん1
ディープでかわいい新大久保♡探検

5 K-POPで盛り上がろう♪
TONCHANG Luxury Karaoke
トンチャンラグジュアリーカラオケ

1. コンセプトが異なるカラオケルームは全部で15部屋。人気No.1の「少女の夢」 2,3.「ローマの休日」と「アラジンの王国」

ゴージャスインテリアのカラオケルーム。機種はJOYSOUNDとDAMが用意されている。SUPER JUNIORのメンバーが来店したことも。

Map P.117-A2 新大久保
🏠新宿区大久保1-17-5 Tonchang Building2・3F ☎03-6821-5195
⏰18:00〜翌5:00 無休 開店〜19:00：30分200円、閉店〜土・日・祝前日開店〜19:00：30分300円、土・日・祝前日19:00〜閉店：30分350円 ⓔJR新大久保駅から徒歩7分

1ドリンク制。チーズトッポッキ1408円などフードも充実

7 新大久保ドルライブに潜入！
SHOWBOX
ショーボックス

韓国人アーティストのライブハウス。複数のグループで1日1〜4公演あり、チケットは無料〜4000円台。ネクストスターを発掘できるかも。

Map P.117-A1 新大久保
🏠新宿区大久保1-17-8
☎03-6457-3668 ⓔJR新大久保駅から徒歩8分 @showbox.jp

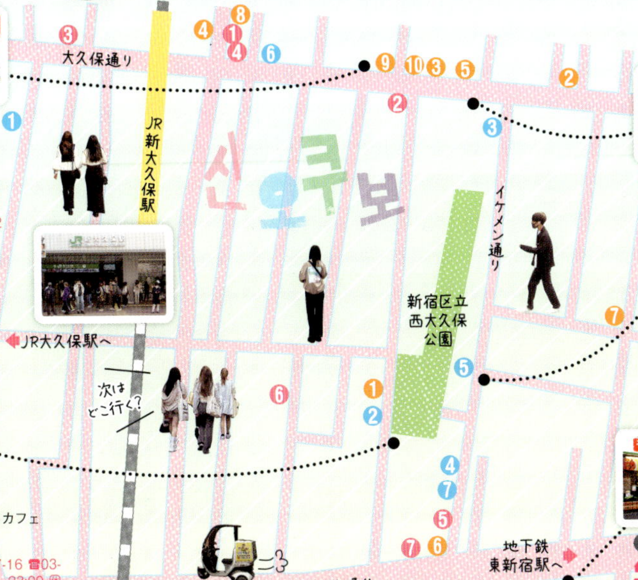

韓国食品スーパーのソウル市場
→P.58

チョンガーネ ①
SKINGARDEN (P.81) の1階にある韓国食品スーパー

Map P.117-A1
🏠新宿区百人町2-1-2
☎03-3205-3451
⏰10:00〜22:30 無休 ⓔJR新大久保駅から徒歩2分

スキンホリック
細い路地にもコスメ店が点在

Map P.117-A2
🏠新宿区大久保1-12-15 ☎03-5272-0909 ⏰10:00〜20:00、土〜21:00 無休 ⓔJR新大久保駅から徒歩6分

カフェドケイブ
ジェジュンが経営するカフェ

Map P.117-A1
🏠新宿区大久保1-17-16 ☎03-5272-6658 ⏰10:00〜23:00 無休 ⓔJR新大久保駅から徒歩6分

韓国広場
カンコクヒロバ
地元感のある韓国食品スーパー

Map P.117-A2
🏠新宿区歌舞伎町2-31-11
☎03-3232-9330 ⏰8:00〜23:00 無休 ⓔJR新大久保駅から徒歩9分

RESTAURANT & CAFE

超ユニークコンセプト☆ aruco的推しグルメスポット

無数のレストランやカフェがひしめく新大久保。韓国グルメが楽しめるのはもちろんだけど、趣向を凝らしたコンセプトも楽しまなきゃ♪

1. 人生酒場 ジンセイサカバ
セロイのライバル出現！
夕暮れ時は特にフォトジェニック
2021年3月OPEN
ハチミツ入り
チヂミとマッコリの相性は最高です

ドラマ『梨泰院クラス』に登場する「長家」のような外観が目印。東京では珍しいチヂミ専門店で、さまざまなアレンジチヂミが楽しめる。

Map P.117-A1 新大久保
- 新宿区百人町1-1-20
- ☎03-6302-1158
- インスタで要確認
- 無休
- JR新大久保駅から徒歩6分
- @jinseisakaba

1. マッコリボトル1078円〜、オリジナルのクリームハニーマッコリ1628円！ 2. チヂミ盛り合わせ3278円ほか、韓国居酒屋メニューが勢揃い

2. やねべや
韓国ドラマ"あるある"な空間
2021年3月OPEN

1. ドラマの雰囲気そのまま！
2. 楽しくてヘルシーなスモークポット。付け合わせも豊富

韓国ドラマ好きにはおなじみの屋根部屋を再現したレストラン。名物メニューは、煙の中から現れるスモークポット1人分1738円。

Map P.117-A2 新大久保
- 新宿区大久保2-26-1
- ☎03-6233-7640
- 11:30〜23:30
- 無休
- JR新大久保駅から徒歩5分
- @yanebeya

3. ビョルジャン
SNSで話題のフード発見！
ソウル学生街の居酒屋の雰囲気

ネオンやシャンデリアの映えるインテリアが人気。ロゼメニューやモッパンなど、SNSで話題のメニューが揃っている。

韓国で大流行中のトマトソース＋生クリーム＋コチュジャン＝ロゼゼクリームを使ったコチュジャンパスタチキンセット2人分2728円

Map P.117-A1 新大久保
- 新宿区大久保2-32-3 2F
- ☎03-6302-1018
- 24時間
- 無休
- JR新大久保駅から徒歩3分
- @byuljan_shinokubo

ボッサム（ゆで豚）ハンサン1298円などの定食メニューも充実

4. Oh!キッチンN オーキッチンエン
エンタメ性抜群の創作料理

驚きの珍メニューが食べられる。食べ放題＋飲み放題は、ランチ90分2178円〜、ディナー（15:00〜）90分2728円〜。単品オーダーも可。

Map P.117-A1 新大久保
- 新宿区百人町2-3-20
- ☎03-6886-8706
- 11:00〜23:00（ディナー15:00〜、L.O.22:30）
- 無休
- JR新大久保駅から徒歩2分
- @shinokubo_oh.kitchen.n

食べ放題のメインに選べるUFOラクレットチキンフォンデュ。スポットライトで登場→スモーク出現→無限追加OKのラクレットチーズ。中央のひよこはアイドル写真に変更可

回転ステージです

6 ラブリーなフラワーカフェ
Kiss berry
キスベリー

かわいいスイーツ用意しています

異空間に迷い込んだようなインテリアが話題。提供されるスイーツやフードも映え度満点！

ロータスつきの北海道ミルクソフトアイス1個500円

Map P.117-A1 新大久保

🏠 新宿区大久保1-17-7 メゾン豊ビルB1F
☎ 03-6233-8633 ⏰ 11:00〜20:00（L.O.19:30）休 無休 🚉 JR新大久保駅から徒歩7分 📷 @kissberry_official

ディープでかわいい新大久保♡探検

5 虹の階段の先の大人カフェ
HARU CAFE+BAR
ハルカフェアンドバー

虹の階段はココ

見過ごしてしまいそうな虹色階段を上がった先にある落ち着いた雰囲気のカフェ。コーヒーや韓国スイーツのほか、お酒も提供している。

1. 店内のピンクの階段の先に隠し部屋シートがある 2. コグマ（サツマイモ）ラテ700円とカフェラテ680円 3. アインシュペナー750円とプレーンクロッフル620円

Map P.117-A2 新大久保

🏠 新宿区大久保2-32-1 2F ⏰ 11:00〜20:00（L.O.19:40）休 無休 🚉 JR新大久保駅から徒歩3分 📷 @h_a_r_u_coffee

野菜たっぷりのプルコギサンド880円

テーブルの中にもフラワーアート

7 新大久保イチかわいい写真を
ノランナ

2021年1月OPEN

ハート形のかわいいワッフルが食べられるカフェ。店内のハングルネオンの下で写真を撮るのがお約束。

Map P.117-A2 新大久保

🏠 新宿区大久保1-14-26 ⏰ 11:00〜23:00 休 火 🚉 JR新大久保駅から徒歩7分 📷 @cafe_norang.na

1. 意味は「新大久保でいちばんかわいい子♡」 2. ハートのワッフル、ラブプレート（イチゴ）820円、バナナチョコ780円

8 トゥンカロンブーム先駆者
MACAPRESSO
マカプレッソ

韓国式マカロン、トゥンカロンのデザートカフェ。常時14種類以上のトゥンカロンのほか、季節限定フレーバーも楽しめる。

Map P.117-A1 新大久保

🏠 新宿区百人町2-3-21 2〜4F ☎ 03-6380-3875 ⏰ 9:30〜23:00（L.O.22:30）休 無休 🚉 JR新大久保駅から徒歩2分 📷 @macapresso

1. 太っちょマカロンの造語のトゥンカロン380円 2. マカロンフレーク600円はおみやげに 3. マカロンがトッピングされたイチゴマカチーノ840円 4. 2〜4階のガラス張りの店内は明るく開放的

チキン、チーズボール、チーズトッポッキなど8種類が楽しめるモッパンセット2人分2860円。セットのソフトドリンク各330円

9 K-POP好き必訪スポット
cafe ON
カフェオン

店内モニターには絶えず最新K-POP映像が流れる。音楽をテーマにしたピンクの店内もキュート♪

Map P.117-A1 新大久保

🏠 新宿区百人町2-1-1 2F ⏰ 11:00〜21:00（L.O.20:30）休 無休 🚉 JR新大久保駅から徒歩3分 📷 @cafeon
好きな曲のリクエストOK

1ドリンク制

10 韓国発彼氏キャラとコラボ
NAMCHINI82 CAFE
ナムチニハニーカフェ

韓国のデザイン会社が作ったカレンダーから生まれたキャラクターNAMCHINI

ちょっピリクサいけど甘〜い言葉で女性を癒やす"NAMCHINI=彼氏"カフェ。好きな写真をドリンクに転写するプリラテ638円〜が人気。

Map P.117-A1 新大久保

🏠 新宿区大久保2-32-4 貴志ビル2F ☎ 03-5292-0582 ⏰ 11:00〜20:00（L.O.19:10）休 無休 🚉 JR新大久保駅から徒歩3分 📷 @namchini82cafe

メイクアップアーティストの技キラリ☆
モチベが上がる 韓国メイク

長引くマスク生活でついついサボりがちだけど、実はメイクがもたらす自分への心理効果は絶大。憧れの韓国スターのようなカッコよくてかわいい旬顔メイクを決めて、ビューティレベル上げてみない？

BLACKPINK『Ice Cream』MVの ロゼ風

Cool×Sexyな ピンクアイメイク

韓国メイクを知り尽くしたプロがセルフメイクのコツ教えます！

Before / After!

世界のメイクトレンドをも牽引する韓国エンタメ界。K-POPアイドルや韓国女優のメイクはイマドキ女子の憧れ♡ 韓国メイクに精通したメイクアップアーティストasanoさんが、韓国コスメを中心に、セルフでもできるメイクテクニックを解説。

① 眉は2色のペンシル、眉マスカラを使い、自眉のようにナチュラルに仕上げる

② チークは明るめピンク。ほおのいちばん高いところより少し下に丸くふんわりと

③ リップはマット系のピンクベージュで、全体に均一に塗る

DOKI DOKI

ROSÉ's Makeup Memo
セレーナ・ゴメスとコラボした『Ice Cream』のMVではキラキラのピンクアイで魅了。ロゼ本人とメイクを担当したイ・ミョンソンが、インスタグラムに詳しいメイク方法を公開したことでも話題に。濃く見えないのにデカ目効果は大！

Make up point

⒟の#07ピンクドリズルをまぶた全体と涙袋に塗る

⒟の#08ラブレーンでアイホールに陰影をつける

⒟の#02フライングペタルを涙袋に塗る

色をきれいに重ねて

ⓐは外側に真っすぐのびるストレートラインをひく

マスカラで上げて⒝でしっかりボリュームUP

ⓒを重ね塗りして涙袋を強調する

下まつげは⒝をしっかりつけたあと、乾く前にピンセットで束にすることで存在感を出す

ピンセットで束に！

ⓐETUDEドローイングショーブラッシュアイライナー1221円 ⓑCLIOキルラッシュスーパープルーフマスカラロングカーリング2160円 ⓒETUDEミラーホリックリキッドアイズWH903ピュアウォーター1375円 ⓓCLIO プリズムエアーアイパレット02 ピンクアディクト4378円 ＊ⓐETUDE HOUSE (P.80) ⓑ日本公式オンラインショップ ⓓSKINGARDEN (P.81)

プチぼうけん 2

モチベが上がる 韓国メイク

ドラマ『キム秘書はいったい、なぜ?』の パク・ミニョン風

Drama → P.87

大人かわいい オフィスメイク

Min-young

Before / After!

セルフで韓国メイクに挑戦

- オススメ時間：いつでも
- 予算：506円～
- TOTAL 30分

ポイントをおさえて練習あるのみ
自己流でやっていたメイクも解説を参考にするとわかりやすい。ポイントメイクに使った韓国コスメは日本でもゲットできる。MVやドラマを参考にしながらチャレンジしてみよう。

Make up point

ⓒ BR407で目の周り全体を囲むベースをつくる
ⓓ 目のきわの締め色としてBR404を塗る
ⓐ 目に沿ってスッと抜けるようにひく

少し太めの平行眉を描き明るめのアイブロウマスカラで仕上げる
ⓑ ボリュームより長さが出るように塗る

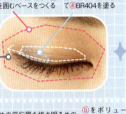

ⓕの#08ダスティグレイと#09トープブラウンをミックスして目尻をスモーキーにすると目力UP&大人な印象に
ⓖの#01マスカルポーネと#06トフィーキャンディでゴールド×パールな涙袋をつくる

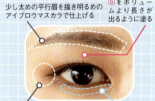

仕上げは眉マスカラ / 下まぶたもしっかり

Park Min-Young's Makeup Memo

キム秘書のオフィスメイクが「すてき！」と複数の女性誌でも特集が組まれたほど。作中では、パク・ミニョンがミューズを務めていた資生堂のコスメを使用していますが、プチプラ韓国コスメでも再現可能。

① ツヤのある水光肌が基本。プライマー、下地、クリームファンデ、フェイスパウダーで仕上げる

② シェーディングで陰影をつけて小顔をつくる

③ チークはベージュに近いアプリコットカラーをほおの高い位置に薄くのせる

④ WAKU WAKU リップはマット系のピンクベージュ。内側は濃いめ、外側はリップブラシでぼかすように塗る

ⓔ CLIO プロアイパレット4号ストリートブリック 3740円
ⓕ rom&nd ベターザンパレット ダスティフォグガーデン 2970円
ⓖ ETUDE ルックアットマイアイ カフェ（左:BR407、右:BR404）各506円
＊ PLAZA (P.81) ＊ 日本公式オンラインショップ ⓓ ETUDE HOUSE (P.80)

CLIO / rom&nd / ETUDE

asano
ショーや映画、雑誌など、どんなメイクもこなすヘアメイクアーティスト。KCONなどでK-POPアイドルのメイクを担当。SHINeeに出会い独学で韓国語をマスター。
@__asano.kim

シャヲル兼シズニです

プチぼうけん 3
女神の巻き髪"ヨシンモリ"は本場韓国系ヘアサロンにおまかせ！

韓国ドラマ『女神降臨』（P.91）で人気再熱のヘアスタイル、ヨシンモリ。さえない主人公ジュギョンもこのスタイルで一気に女神へと変貌。そんなヒロインにあやかって、風じゃない、まんま韓国のヘアサロンで優美な巻き髪をお持ち帰り。

座っているだけで女神降臨 キレイな韓国女優に早変わり

ヨシンモリで美人度UP

TOTAL 30分〜
オススメ時間：週末以外
予算：5500円〜
ロングじゃなくてもOK

ヨシンモリの基本はロングヘアだけれど、ミディアムでも顔まわりにウエイブをつけたり、毛先を外巻きにして後ろへ流せば、それっぽいスタイルになるので、諦めずにまずは相談してみて。

プロの手にかかればヨシンモリもあっという間。ここではGUNHEE TOKYOのスタイリスト、ハンナさんをモデルにスアさんが伝授！

GUNHEE TOKYO
ツヤツヤの黒髪はヨシンモリの代名詞

ヨシンモリって？
韓国語のヨシン여신は女神、モリ머리は髪（頭）の意味で、その名のとおり女神のようなウエイブと美しいくびれが特徴のヘアスタイル。

Side

Back

ヨシンモリの前にタンバルモリ？
ヨシンモリと人気を二分する韓国のヘアスタイル、タンバルモリはおかっぱのこと。肩より短かったら、こちらを試して

スタイリストのスアさんもタンバルモリ

How to

1 前髪中央をぬらしてドライヤーで上向きに乾かす

2 上向きにした前髪を3〜5本のヘアピンで固定

3 髪全体を縦6分割にし、毛先を1回転半内巻き

4 6分割にした毛束を上下に分け、下の束の毛先から外巻き

5 上の束を毛先から外巻き（地面に対して平行に巻く）

6 顔まわりは毛先から外巻きにし、後ろに引っ張るようにアイロンを抜く

7 最後にスプレーで固めたら完成

これ使いました！

仕上げ用① ソルティールのファイバーインワックス
仕上げ用② サンコールのR-21 デザイニングハードスプレー
アイロンは32〜40ミリを使用。160度が適温
直径4〜5センチのカーラーは前髪を立たせるのに便利
最初にブラッシングでツヤを出すのも必須

韓国トップアーティストのサロン
GUNHEE TOKYO ゴニ トウキョウ

SUPER JUNIORヒチョルやチャン・グンソクのヘアを手がけ、美容番組にも多数出演するゴニ氏がオーナー。東京ではハンナさんとスアさんがそのメソッドを引き継ぎ、ふたりの指名予約は常にいっぱい。

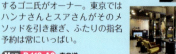

Map P.118-A2 表参道
渋谷区神宮前4-2-17 2F ☎03-3479-6338 ⏰11:00〜21:00、土10:00〜20:00、日10:00〜19:00 月要予約
地下鉄表参道駅A2出口から徒歩2分 @gunhee_tokyo

28

HEALHAIR

こちらのサロンでは
前髪やカラーでヨシンモリアレンジ

プチぼうけん 3
女神の巻き髪"ヨシンモリ"

 Side
 Back

ピンクカラーでガーリーさをプラス。毛先に重みが残るようレイヤーを入れて、カールはCとSのミックス巻きに

前髪あり派

あざとかわいいシースルーバング

さらに韓国っぽ

ピンクグラデーションで甘く華やかに

 Side Back

メインはレイヤーをあまり入れずに、大きいカールで毛先までしっかりと巻いたグロウパーマスタイル

スタイリストEMIさん Recommend

日韓mixやアレンジが得意
HEALHAIR 高田馬場店
ヒールヘア タカダノババテン

ソウルに本店があり、韓国の最新ヘアスタイルやトレンドカラーに敏感。スタイリングはもちろん、ナチュラル系からエッジの効いたカラーまで、理想のスタイルに仕上げてくれる。コテ巻き2500円〜。

Map P.116-A1 高田馬場
- 新宿区高田馬場4-9-18.2F
- 03-6279-3896
- 10:00〜20:00 火
- 要予約 JR高田馬場駅早稲田口から徒歩1分 @healhair

1 ヨシンモリからの、ロゼモリ！

世界中の女の子の憧れ、BLACKPINKのロゼ風ヘアスタイルにトライ。

横分けにして、それぞれ少し後方で結ぶ | 結んだ毛束から髪を引き出し立体的に見せるのがポイント | 前髪はストレートアイロンで整えて、毛先は内巻きに

『On The Ground』MVのロゼ風ヘアスタイルのできあがり！

2 彼にしてほしいヘアスタイル

韓国ではウルフヘアが人気だけれど、彼にはちょっとハードルが高いかも、と思ったら前下がりのセンターパートがおすすめ。襟足を刈り上げずに、サイドは耳を出してスッキリ。前髪を目にかかる長さにすれば落ち着いた大人の雰囲気に。

Wolf

ロゼはもちろん、K-POPアイドルがポニーテールやアップ、ハーフアップのときに使用

大きなリボンやシュシュも今旬アイテム

29

プチ
ぼうけん

ソウルを旅している気分になれる♪ フォトジェニックな#韓国カフェ

韓国旅行の楽しみのひとつが「カフェ巡り」。旅行に行けない今は、SNSで「#카페」チェックに余念がないあなた。東京にもあるんです！韓国そのままのすてきなカフェ。

カフェツアー 카페투어　TOTAL 半日

オススメ時間 11:00〜　予算 1000円〜

アフタヌーンティーは予約して
スタートはSalon de Louisから。まずは写真映えするアフタヌーンティー（要予約）を堪能。次は表参道を散策しながらNERDY CAFEへ。NERDY（P.68）でショッピングしたら、かわいいボトルドリンクを撮って。最後は新大久保へ移動して2D Cafeでユニーク写真を撮ろう。

おしゃれカフェを巡って #카페스타그램に挑戦！

韓国のSNSで見かけるカフェは、どれもフォトジェニックで楽しいものばかり。東京で韓国センスが光るカフェを巡って、#カフェスタグラムにチャレンジ！

サロンドルイ

Salon de Louis

#핑크
#민트블루
#애프터눈티

ピンクのベロアソファがある1階はいちばんのフォトスポット

11種のスイーツやサンドイッチが楽しめるアフタヌーンティー4400円。事前予約が必要で、同時に席の指定もできる

ピンクとミントブルーの世界
韓国発のジュエリーブランドが運営する一軒家カフェ。1階は一面ピンク、2階は一面ミントブルーのインテリアで完璧フォトジェニック！ピンクやミントブルーに映える服装で訪れたい♡

Map P.118-B2 表参道
📍港区南青山3-15-15
☎03-6812-9161　🕐11:00〜20:00（L.O.19:00）休 無休
🚇地下鉄表参道駅A5出口から徒歩3分 @salon_de_louis2

階段を上がった2階はミントブルーの世界。プリンセス気分を味わえる

カウンターもエスプレッソマシンもピンク

Salon de Louisの1号店もすてき
代官山にある1号店は高い天井と大きな窓が特徴。雰囲気は異なるけど、こちらもおしゃれ韓国感たっぷり。

Salon de Louis Jewelry Café
サロンドルイジュエリーカフェ
Map P.118-C1 代官山
📍渋谷区猿楽町2-8　☎03-6455-0382　🕐11:00〜20:00
休 無休 🚇東急東横線代官山駅西口から徒歩9分 @salon_de_louis_

안녕하세요〜
スタッフの会話はほとんどが韓国語

アメリカンレトロな一軒家のガレージをイメージしたカフェ

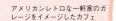

アパレルブランドらしいおしゃれなラベルが映えるボトルドリンク各748円

ソウル本店から原宿にワープ

韓国のストリート系ファッションブランド、NERDYのカフェ。ソウルにあるフラッグシップストア同様、「NERDY BOYの家」がコンセプト。フォトジェニックなボトルドリンク入りで店内写真を撮ろう。

Map P.118-A2 原宿
🏠 渋谷区神宮前3-20-6
☎ 03-6384-5892 🕙 11:00～19:00、金・土～20:00 休月 地下鉄明治神宮前（原宿）駅5番出口から徒歩5分 @nerdycafe_official

NERDY → P.68

ショップもフォトジェニック

テーブルにケーキ715円やドリンク495円〜を置いたり、壁のネオンを入れたり、撮り方を工夫してみて

NERDY CAFE
ノルディカフェ

#널디카페
#널디보틀
#하라주쿠

プチぼうけん
フォトジェニックな韓国カフェ

壁に描かれたカーテンやドアがユニーク。人物入りで写真を撮ると脳がバグるう

2D Cafe
ツーディーカフェ

#2d카페
#그림카페
#케이크

マンガの中に迷い込んだ!?

コンセプトは「絵の中のカフェ」。壁、テーブル、椅子すべてが二次元(2D)仕様に加工された不思議な空間。韓国発のユニークなアイデアがウケて、連日写真を撮る人でいっぱい。三次元に戻ってこられなくならないように気をつけて！

Map P.117-A1 新大久保
🏠 新宿区百人町1-7-5
☎ 03-6457-3032 🕙 11:00～20:00 休無休 JR新大久保駅から徒歩3分
@2dcafe_shinokubo

3Dのケーキやドリンクを2Dの世界に紛れさせて撮ってみよう

常時7〜8種類のケーキを用意。ドリンクとセットで1210円

絵の中から注文したケーキが出てくる

2D仕様になったデザートもユニーク。食べられないので注意

プチぼうけん ⑤

K-POPアイドルのダンサーが講師に！
推しのダンスにトライ

MVを見ながら気が付くとカラダが動いている、なんて経験はない？推しの曲に合わせて一緒に踊ったら楽しさ倍増だし、ヘルシーでダイエットにも。初心者はもちろん、本気でマスターしたい人も、今が習いどき！

初心者でもOK！

K-POPダンスレッスン　TOTAL 70分〜

オススメ時間 夕方〜　予算 880円〜

⚡ 自分に合ったクラス選び
スタジオで習う場合は、自分の実力に合ったクラス選びを。踊りたい推しのダンスがハイレベルな場合は、まずはオンラインレッスンで慣らしてからスタジオデビューするのもあり。

NCT U『Make A Wish (Birthday Song)』の振り付けを担当

オープンに先立ち開催したワークショップに登場

Reina

WORLD OF DANCE優勝、メディアでも大活躍。週2でクラスを担当

Rina

少女時代テヨン・EVERGLOWのダンサー

韓国でのダンサー経験を基に、週2でクラスを担当

Yumeno

YeEun

韓国から留学中のマルチダンサー。週8でクラスを担当

SHINee&テミンのツアーダンサー

shun

SHINeeファンには言わずと知れた存在。週2でクラスを担当

2回チケット 5885円〜（入会金等別途必要）

K-POP専門の講師が手取り足取り♪

どの先生にしようかな♪

人気スクールは常に定員オーバーで受講するのが難しかったけれど、最近では通えない人が多くオンライン対応のレッスンも急増。そのなかでオープンしたての話題のクラスと、曲からレッスンが選べる老舗スクールをピックアップ。

豪華講師陣に習えるチャンス！

En STUDIO　エンスタジオ

渋谷をはじめ関東6ヵ所に展開しているEn Dance Studioが、RAYARD MIYASHITA PARKのEn STUDIOにK-POPのレギュラークラスをオープン。初心者はもちろん、経験者もK-POPスターを目指す人にもおすすめ。

Map P.118-B1　渋谷

📍 渋谷区神宮前6-20-10 RAYARD MIYASHITA PARK South 3F
📞 03-6418-1536　🕐 11:00〜23:00
🚫 無休　🚉 JR渋谷駅ハチ公口から徒歩3分　@next_in_dance

Lesson Schedule

Rina　水(2回) K-POPカバーダンス／コレオグラフィークラス
shun　水(2回) K-POPカバーダンスクラス
Yumeno　火・木 K-POPカバーダンスクラス
YeEun　月・火・金・土(各2回) K-POPカバーダンスクラス

＊変更になる場合があるので、事前にInstagramで確認を。

プチ
ぼうけん 6

セロイも納得の再現度!
あのドラマの名物料理にチャレンジ

韓国ドラマといえば、ラブコメ、サスペンス、復讐劇……とモッパン! おいしそうな料理と食事シーンは完全に飯テロ。思わず「食べた〜い」と叫んだ韓ドラLoverのみなさん、その料理、自分でLet's Cooking!

ファン・インソン

あだ名は「いんくん」。1991年韓国生まれ。2014年に来日し料理教室をスタート。かわいすぎる料理研究家として話題に。タレント・モデル・商品開発・レシピ考案・美容・漢方マニアとしても活躍中。

ぼくの実家の
レシピ教えます

人気料理研究家いんくんの
料理教室に参加しよう!

おしゃれなキッチンスタジオで開催されるセミプライベートの料理教室。韓国出身のいんくんと楽しくおしゃべりしながら、おいしく作るコツや韓国の食文化を学べる。4コースあり、各4種類の料理を体験可能。体験希望日12日前までにWebで要予約 URL inkungohan.net

いんくんの料理教室
インクンノリョウリキョウシツ

Map P.116-B2 岩本町

🏠 千代田区岩本町3-4-6 トナカイタワーズビル7F ☎ 03-5829-8909 🕚 11:00〜14:00 休 日
💰 2名参加は1名7480円、3名参加は1名6980円 🚇 地下鉄岩本町駅A4出口から徒歩2分

セミプライベートレッスン

TOTAL 3時間

オススメ時間 希望日は選択可 時間は11:00〜14:00固定

予算 6980〜7480円

友達2〜3人で参加

マスク、ふきん、エプロン、筆記用具持参。いんくんが4種類の料理を調理しながら教えてくれる。自宅で再現できるように撮影OK、レシピメモを配布。完成後は感染対策を取ったうえで試食できる。

料理教室が開かれるのは、イベントも開催されるデジタルキッチン

YouTubeチャンネル「いんくんごはん」の撮影も行っているキッチン

おしゃれカフェのようなエントランス

すてきなキッチン♡

34

いんくんレシピで再現！
韓国ドラマの絶品メニュー

「ごはん食べた？(밥 먹었어 パブ モゴッソ)」は韓国の一般的なあいさつ。ドラマでもよく耳にするセリフで、人間関係と会食はストーリー展開に欠かせない要素。心揺さぶるドラマメニューを、料理ビギナーでも挑戦できる簡単レシピでいんくんが伝授。同じ料理を自分で作って食べながらドラマ観賞したい！

材料はすべて日本のスーパーでGetできます

치킨

Inkun Point
天ぷら粉を2回まぶしてサクサクにクリスピー感が抜群にUP！

『愛の不時着』
軍人たちがハマった
韓国チキン

Drama → P.86

RECIPE
1. ボウルに鶏手羽元、牛乳を加え5分漬ける
2. ①に天ぷら粉【A】、塩、粗びき黒コショウを加えて混ぜる
3. 鶏手羽元を取り出し、天ぷら粉【B】をまぶす
4. サラダ油を180℃に熱し、③をキツネ色になるまで6分ほど揚げる

8本分の材料
- 鶏手羽元　8本
- 牛乳　150ml
- 天ぷら粉【A】　大さじ4
- 天ぷら粉【B】　大さじ2
- 塩　小さじ1
- 粗びき黒コショウ　小さじ1/2
- サラダ油　適量

★おいしすぎる悪魔
ハニーバターソース
材料
- バター　60g
- ハチミツ　大さじ3
- おろしニンニク　大さじ2

RECIPE
フライパンにすべての材料を入れ、粘りが出るまで弱火で煮詰めるだけ。ポテトチップスとの相性も◎

『青春の記録』
ヘジュンのおうちごはん
海鮮チヂミ

RECIPE
1. 万能ネギは長めに切る
2. 冷凍海鮮ミックスを解凍し、水気をきる
3. ボウルに、万能ネギ以外の材料を入れて混ぜ合わせる
4. 加熱したフライパンにサラダ油(分量外)を多めにひき、生地をお玉1.5杯ほど入れて広げ、中火で4分焼く
5. 生地が固まらないうちに、上に万能ネギをのせ、ひっくり返し両面を焼く
6. 器に盛りつけて、混ぜ合わせた【タレ】を添える

2枚分の材料
- チヂミ粉　大さじ4
- 天ぷら粉　大さじ4
- 冷凍海鮮ミックス　200g
- 万能ネギ　適量
- 水　150ml
- 卵　1個
- 塩　少々
- コショウ　小さじ1/2

【タレ】
- 醤油　大さじ2
- 酢　大さじ1
- ゴマ油　大さじ1
- 砂糖　小さじ1
- 唐辛子粉　小さじ1
- 水　大さじ1
- コショウ　少々

해물파전

Inkun Point
サクサク派は生地を薄く！モチモチ派は厚めに焼いてみて！ビギナーさんは薄めが扱いやすいかも

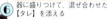

BTSファンには マンドゥ事件も おなじみ

여신강림
『女神降臨』
スホとソジュンが対決
マンドゥ

만두

Inkun Point
あんを中央にのせて周りに水を塗り半分に折りたたんだら両端を重ねて丸くするのが韓国式

RECIPE
1. 春雨は熱湯で戻し水気をきる。厚揚げはフードプロセッサーで細かくする
2. キムチ、春雨、万能ネギ、ニラはみじん切りにする
3. ボウルに①、②、合びき肉、【A】を入れて混ぜ合わせ、粘りが出るまで練る
4. 餃子の皮に③をのせ包む 蒸し器またはセイロで20分蒸す

20個分の材料
- 餃子の皮　20枚
- キムチ　250g
- 春雨　7g
- 合びき肉　250g
- 厚揚げ豆腐　1枚
- 万能ネギ　1/2束
- ニラ　1/2束

【A】
- 粉唐辛子　大さじ2
- おろしニンニク　大さじ1
- 醤油　大さじ1
- ゴマ油　大さじ1
- 粗びき黒コショウ　小さじ1/2

비빔냉면

RECIPE
1. キュウリ、トマトは好みの形に切る
2. 冷麺を袋の表示どおりにゆで、水気をきる 器に麺を盛りつけ、混ぜ合わせた【タレ】、キュウリ、トマト、ゆで卵をのせ、白ゴマを振る

1杯分の材料
- 冷麺(袋麺)　1玉
- キュウリ　1/2本
- トマト　1/4個
- ゆで卵　1/2個
- 白いりゴマ　少々

【タレ】
- 酢　大さじ2
- コチュジャン　大さじ3
- 唐辛子粉　大さじ1
- 砂糖　大さじ1
- 水アメ　大さじ1
- 醤油　大さじ1
- おろしニンニク　大さじ1/2
- ゴマ油　小さじ1
- 長ネギのみじん切り　大さじ2

Inkun Point
切って混ぜるだけ タレは蕎麦、そうめん、中華麺、コンニャク麺にも合いますよ

밥먹으러 갑시다
『ゴハン行こうよ』
デヨンも食べた
ビビンネンミョン

プチぼうけん 6

あのドラマの名物料理にチャレンジ

『ウラチャチャワイキキ2』
ウシクが涙でほおばる
ホットク

Inkun Point
米粉を使うと生地にうま味が増してモチモチ食感に！オーブンの「発酵機能」も便利です

3個分の材料
【A】
- 米粉　　　　100g
- 強力粉　　　100g
- 塩　　　　　少々

【B】
- ぬるま湯(35℃)　100〜150ml
- ドライイースト　3g

【あん】
- シナモンパウダー　30g
- ブラウンシュガー　150g
- ミックスナッツ
  （食塩不使用）　30g

RECIPE

① ボウルに【A】を入れてよく混ぜ合わせる

② 【B】のドライイーストをぬるま湯で溶かし、①に2〜3回に分けて加え、粉っぽさがなくなるまで混ぜる

③ ボウルにふんわりとラップをかけ、室内の温かい場所に置き、生地が2倍くらいに膨らむまで発酵させる

④ ミックスナッツを砕く。別のボウルに【あん】の材料を入れて混ぜ合わせる

⑤ 発酵が終わった③の生地を取り出し、手のひらでつぶしてガス抜きをし3等分する。それぞれの生地に④を入れて丸め、手のひらでつぶして均一の厚さの円盤状にする

⑥ フライパンを熱してサラダ油（分量外）を薄くひき、⑤を並べ、中火で2分ほど焼く。裏返し、フライ返しで軽く押さえながらさらに2分焼く。再び裏返し、30秒ほど焼いて完成

2本分の材料
- ご飯　　　　　2合
- ニンジン　　　1/2本
- ホウレンソウ　3束
- たくあん　　　1本
- キュウリ　　　1本
- 豚肩ロース肉　200g
- カニカマ　　　6本
- エゴマの葉　　4枚
- 焼き海苔　　　2枚
- サラダ油　　　適量

【下味】
- ゴマ油　　　　大さじ1
- 塩　　　　　　小さじ1/2

RECIPE

① ご飯と【下味】の材料を混ぜ合わせる

② ニンジンは千切り、ホウレンソウは半分の長さに切る。たくあん、キュウリは細長く切り、キュウリは種を取り除く

③ 豚肩ロース肉は厚めに棒状に切り、カニカマは半分にさく

④ サラダ油をフライパンで熱し、豚肉を炒める。塩少々（分量外）を振り、取り出す

⑤ ④のフライパンにホウレンソウを入れ、軽く炒めて取り出す

⑥ 巻きすの上に焼き海苔をのせ、上2cm、下0.5cm空間を空け、ご飯を広げる。ご飯は米粒の間から海苔が見えるくらいの量で、のせすぎないように

⑦ エゴマの葉、カニカマ、ニンジン、キュウリ、豚肉、ホウレンソウ、タクアン（各半量）をのせ、手前から巻く

⑧ 巻いたあと、表面にゴマ油適量（分量外）を塗り、切り分ける

Inkun Point
見た目もおいしさのポイント！切ったときの断面を想像しながらご飯に具材をのせてみて

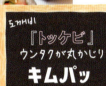

『トッケビ』
ウンタクが丸かじり
キムパッ

Drama → P.88

推しのセンイルケーキが作れちゃう♡
オンラインのクッキングレッスン
〜先生は韓国人クリエイター〜

韓国発の「CLASS101」は、趣味やスキルを磨くクラスを開講しているオンラインプラットホーム。アート、クラフト、語学などさまざまなコンテンツが用意されている。なかでも、満足度満点の韓国デザインケーキクラスは注目の的。自宅に届くキットを使い、好きなタイミングで受講できるのが今の時代にぴったり。

CLASS101　URL class101.jp

必要な材料と道具からボックスまでがすべて自宅に届く

初心者でも大丈夫

特別な日にピッタリのデザインケーキ By @goeuncake

▶50レッスン　6時間25分　材料キット
クラスチケットのみ 1万7820円
クラスチケット+オールインワンキット 3万3810円

日本語字幕付きの映像コンテンツを見ながら、計6作品を学ぶ。道具の使い方からケーキ作りの基本、デコレーションの技を50のコンテンツで受講できる。

ひとつの作品の所要時間は3〜4時間で手順をていねいに解説

37

プチぼうけん⑦

推し不在の誕生日会で ヲタ友とセンイルチュカヘヨ～♡

「毎年推しの誕生日は韓国へ！」のヲタクが渡韓できない今、国内で開催する本人不在の誕生日会が大盛り上がり。カフェでのイベントを巡ってカップホルダーを集めたり、ヲタ友とソンムルを交換したり、日本にいても推しへの愛は止まりませ～ん。

知っておきたい ヲタ用語
- センイル 誕生日
- チュカヘヨ おめでとうございます
- ソンムル プレゼント

推し不在の誕生日会
TOTAL 30分
オススメ時間 14:30～ 予算 450円～
🔶 カフェでのイベントに参加

推しの誕生日が近くなったらファンやカフェのSNSをチェック。カップホルダーは数に限りがあるので、整理券の配布情報などを確認し早めに行動するのが肝心。ただし、ルールやマナーは必ず守って。

取材日はTOMORROW X TOGETHERのBEOMGYUの誕生日イベント真っ最中

推しはいなくても大盛況！ 幸せすぎる カップホルダー巡り

アイドルの誕生日を記念して、ファンが作ったカップホルダーをカフェで配布。そのカップホルダーを求めてファンはカフェをハシゴ、というカプホ巡り文化が日本に上陸。最近では韓国ファンから直接依頼を受けるカフェもあり、配布期間中店内ディスプレイやメニューが推し一色になる、夢のような誕生日会を連日開催！

SEVENTEEN デビュー6周年の限定ケーキ

かわいくて食べられない

真ん中がBEOMGYUの誕生日カプホ。右は2000年生まれで結成したバンパンズ、左はStray Kidsのそれぞれ記念日カプホ

#SKZ #범규 #00LINE

在庫があれば過去のカプホももらえる

3階ではTOMORROW X TOGETHERのデビュー2周年を記念したイベントも！

TIG CAFE
ティーアイジーカフェ

広い店内ではファン同士の交流も

K-POP好きのスタッフがディスプレイする店内は、どこを切り取っても絵になる映えスポット。推しがプリントされたケーキは絶対注文したい人気メニュー。同ビル3階の展示会も見逃さないように。

Map P.115-A4 錦糸町
🏠 墨田区錦糸2-13-5 MPCビル1F
📞 03-5637-8456 ⏰ 11:00～18:00 休無休 🚃 JR錦糸町駅北口から徒歩4分 📷 @tigcafe

ギリギリ間に合いました～

ボトルドリンクにもTXT

38

cafe yolum
カフェヨルム

整理券をLINEで発券

3人とも推しのカプホを確保！

あらかじめ整理券を自分で発券しておけるので、並ばずに入店できてスムーズ。過去のカプホや地方発送にも対応し、ヲタク心に寄り添う気遣いも。ヨルムから徒歩10秒のクルムでは、展示会を不定期開催。

Map P.118-A1 原宿

🏠 渋谷区神宮前1-21-15 原宿ATMビル2F ☎ 03-6447-0035 🕐 11:00～19:00
🚫 無休 🚉 JR原宿駅竹下口から徒歩1分
📷 @yolumlovesyou

店内がピンクでかわいいヨルムと白くて清楚なクルム。ドリンクは推しのカラーを選んで♡

プチぼうけん

ヲタ友とセンイルチュカヘヨ〜♡

推しの記念日カプホは宝物です

韓国風ケーキを注文して推しの誕生日会を主催！

ヨルムでは推しにちなんだデコレーションケーキを注文して、店内で誕生日会を開くことが可能。ケーキはブルーやパープルなど珍しい色があり、グループやメンバーカラーも見つかりそう。詳しくは @yolumbirthday

クルムでも可。ケーキは持ち帰りのみの注文もOK！

もらってうれしい最高のソンムル発見！

ヲタ友との再会でよく見かけるのがソンムル交換。これもK-POPのヲタク文化のひとつで、お菓子の詰め合わせや手作りアイテムなど、相手の負担にならない程度に気持ちのこもったものを贈り合うのが一般的。とはいえ、予算をかけずにセンスのあるソンムルを用意するのは意外に難しい……。そこで編集部のイチオシがコレ。誕生日会やカプホ巡りで渡したら感動されること間違いなし！

推しへの想いをアイシングクッキーに
cookie fandom
クッキーファンダム

繊細なデザインが芸術的なのはもちろん、依頼主の推しへの愛をしっかり受け止め、形にしてくれるのが最大の魅力。製作するアイドルの情報収集から始め、色や配列、ファンにしかわからないツボにもこだわり一つひとつていねいに仕上げているクッキーは、あげてももらっても絶対にうれしいはず。

SHINeeテミンの誕生日はライブの幻想的なVCRを再現

TWICEのロゴとモモのキャラMOVELYがキュート

ラッピングもステキ☆

かわいすぎるTOMORROW X TOGETHERのペンライト

そばかすメイクがたまらないNCTジェヒョンの誕生日セット

Stray Kidsのロゴをあしらった王冠はデビュー3周年の記念に

How to Order

📷 @icingcookie_fandom
🐦 @c00kie_fandomのDMで注文

・希望のデザイン、価格、個数などを相談
（デザインにより1〜100個まで製作可能）

・配送希望日の3週間前までにデザイン確定

・あとは届くのを待つだけ！
（賞味期限は到着から約4週間）

39

1週間からでも始められる！ オンライン韓国語学留学のススメ！

K-POPや韓流ドラマで推しの母国語が気になり始めたら、日本から韓国の授業に参加できるオンライン留学してみない？

オンライン留学って？

PCやタブレット、携帯電話でZoomなどのビデオチャットサービスを使って、自宅と韓国の学校の先生をつなぎ、現地留学同様リアルタイムで行う授業。YouTubeなどの録画授業とは違い質疑応答もできるので、本格留学の準備、趣味、スキルアップで今、大注目！

クラスメイトと勉強すればモチベもUP！

ここが魅力！

☆ 学校や仕事の休みを取らず、生活は普段どおりのまま受講できる。
☆ 渡航＆滞在費がかからず、授業料もお小遣い程度でうれしい。
☆ 少人数クラスなので、先生の直接指導で落ちこぼれる心配ナシ。
☆ 少しずつ上のコースを目指して続ければ、上達が期待できそう。

ハングルがまったく読めなくてもOK！

超入門者向けコース

『培材(ペジェ)大学校ハングル「入門」課程』

期間	1週間課程
日程	随時指定の1週間
開設級	入門クラス
人数	1クラス5名以下 (3名以上で開講)
授業時間	1学期8時間　夜間コース19:00～21:00 (月～木)
授業内容	1週間でハングルが読み書きできるように
授業方式	Zoom使用
教材	PDFファイルで提供 (別途教材費不要)
応募資格	高校生～上限はなし
費用	1万4000円 (授業料) ＋手続き料1万1000円 (税込)
特徴	無料の動画など多様な補助教材で予習復習を行いながら、1週間の短期集中でハングルの読み書きと韓国語の発音を一気に勉強してしまうスペシャル講座。初級の前のトライアルにも最適。

『慶熙(キョンヒ)大学校ハングル「入門」課程』

期間	2週間課程
日程	春・夏・秋・冬学期の各指定の2週間
開設級	入門クラス
人数	1クラス12名以下 (6名以上で開講)
授業時間	1学期16時間　夜間コース19:00～21:00 (月～木)
授業内容	ハングルが読めない方に2週間でハングルを完璧に
授業方式	Zoom使用
教材	慶熙韓国語の第一歩990円程度 (送料別)
応募資格	高校生～上限はなし
費用	2万円 (選考料・授業料) ＋手続き料1万1000円 (税込)
特徴	慶熙大学が作った入門専用教材を使い、韓国語を初めて習う方でも、2週間の授業が終わる頃にはハングルの読み書きがスラスラできるようになるという超入門講座。

＊初級～上級まで、レベル、授業時間帯など各種コースあり。費用等詳細はご確認を。

いつかは韓国で本格留学！

延世大学に通学!?

今は難しくても、必ず渡韓できる日はくるはず。オンラインで基礎を学んだら、次は本格留学に挑戦してみては？　大学語学堂の正規の1学期10週 (約3ヵ月) や、語学校の約1ヵ月コースなど、夏休みや年末年始、GWなどに開講される短期留学なら、社会人でも少しの勇気と有休があれば名門校への留学も夢じゃない。
やっぱり韓国に滞在・通学して、じかに人や文化に触れることが語学の楽しさ、何より上達の近道だから！

韓国留学専門の総合エージェント！
aah! education
アーエデュケーション

初めの一歩はプロにおまかせ！

ソウル支社があり年間約700名の実績をもつ。韓国留学専門カウンセラーが、一人ひとりの条件に合う大学・コース選びから手続きまで手厚くサポートしてくれる。まずは気軽に相談してみて。

Map P.116-B2　神田

千代田区内神田2-7-9 浅野屋ビル2F　☎03-5577-2114
10:00～20:00、土・日・祝～17:00　JR神田駅西口から徒歩4分　URL aah-e.net

インスタ映え最強
至福の韓国グルメ
ガッツリいただこ♪

東京で食べられる韓国グルメって驚くほど進化してるの知ってた？
おいしいのはもちろん、かわいさもサプライズも忘れないところがニクいよね。
インスタでチェックしていたあのスイーツも、初めましての料理も
今だけはカロリーなんて気にせず、片っ端から食べ尽くそ！

G O U R M E T

次々と押し寄せる甘～い誘惑
話題の韓国発sweetsをフォロー

韓国はバズるスイーツを生み出す天才！
既存スイーツをバージョンアップさせたり、斬新なハイブリッドを誕生させたり♡
SNSをにぎわせている甘い世界へ迷い込もう。

左からストロベリー440円、キャラメルマキアート380円、オレオ380円、チーズケーキ440円

左からピスタチオ440円、アールグレー380円、貝殻600円

原宿裏通りのマカロンカフェ
COOING クイン

常時日替わりで10種類以上、季節やイベントに合わせた限定フレーバーも登場する。撮りどころ満載の白いタイル貼りの店内もいい感じ♪

Map P.118-A2 原宿
渋谷区神宮前4-25-35 2F
10:00～21:00 無休 地下鉄明治神宮前（原宿）駅5番出口から徒歩5分 @cooing_tokyo

チェダーチーズ味のチーズバーガー473円

かわいいアボカド形の抹茶フォレスト473円

黒ゴマ味のもこもこサンダー473円

ミルク、チョコブラウニー各495円

バニラ＆チョコのレインボー473円

宝石のような美トゥンカロン
mamaron Tokyo ママロントウキョウ

数あるトゥンカロン店のなかでも独創的で美しいデザインが特徴。25種類以上が店頭に並び、新フレーバーも増え続けている。マカロンがトッピングされたケーキ3500円も。

Map P.117-A1 新大久保
新宿区百人町1-4-19
03-6233-7329 11:00～21:00 無休 JR新大久保駅から徒歩3分 @mamarontokyo

トゥンカロン

뚱카롱

トゥントゥンイ（太っちょ）＋マカロン。クリームをこれでもか！と挟んだネオマカロンは味もフォルムもバリエ豊富。

MACAPRESSO → P.25

左からシナモンがきいたロータス、甘じょっぱいチェダーチーズ、クランチ入りバニラクリームジャムのデジバー、さわやかなクリームチーズぶどう各380円

日本生まれ→韓国で大ヒット→日本に逆輸入の「すこぶる動くウサギ」トゥンカロン。左からピスタチオ、ショートケーキ＆マシュマロ、ラズベリー各440円

Kiss Berry → P.25

シナモン味のニンジン440円

大ぶりの貝殻マカロン、ジョゲロン（チョゲ＝貝）820円

おいしいドリンクも揃っています

インスタで見たmamaronのトゥンカロンがかわいすぎて買いにいきました。おいしすぎてビックリ。ぜひリピートしたいです。（ちー）

バナナ、マンゴー、キウイ、ベリー3種とクロッフルが見えないほどたっぷり。生クリーム＆フルーツ750円(右)とチョコソース＆チョコパウダーのチョコレート650円

HARU CAFE+BAR → P.25

3時間発酵させた生地をオーダー後に香ばしく焼き上げるブラウンチーズクロッフル968円。バニラアイス、ノルウェー産ブラウンチーズ、メープルでリッチなデザートが完成

HOMIBING → P.45

シュガーをまぶして焼き上げたシンプルなプレーンタイプ。サクッモチッ感がストレートに味わえる。1個345円

食べ歩きにぴったりのスティックタイプ。いちごクロッフルとティラミスクロッフル 各680円

茶a (Cha Aoyama) → P.44

韓国発 sweetsをフォロー

クロッフル
크로플

クロワッサン×ワッフル。クロワッサン生地をワッフルメーカーで焼くハイブリッドスイーツ。外サクッ中モチッの食感がたまらない。

フレッシュフルーツとの相性も抜群。クロワッサン生フルーツワッフル 990円

Seoul cafe → P.45

新フレーバーのサツマイモクロッフル 450円。+100円でアイスのトッピングOK

韓国発バズりフードの宝庫
HOICHA ホイチャ

韓国生まれのタピオカ店。韓国のストリートフードとして人気のチュロス+アイスの「アイチュ」、チーズドッグの進化版「チュロドッグ」などユニークフードが豊富。

Map P.117-A1 新大久保
🏠 新宿区百人町2-3-25
☎ 03-6302-1644 🕐 13:00〜23:00 無休 JR新大久保駅から徒歩1分
📷 tapioca_hoicha

人気のロータスキャラメル、安定のおいしさオレオ、暑い日に◎のチョコ&アイス 各580円

K-TOWN 原宿 → P.100

lattencos → P.20

左から濃厚チェダーチーズ、メープル＆パウダーシュガー、キャラメル味のチーズ＆ホイップクリームの3種。コスメ3000円以上購入でクロッフル1個＆ドリンク1杯無料！

秋限定のサツマイモクロワッフル1550円と人気No.1のベリークロワッフル1540円。バターたっぷりで中は驚くほどしっとり

Salon de Louis → P.30

HOICHAでドリンクをオーダーすると、ハートのミニチュロスがついてくる。

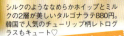
シルクのようななめらかホイップとミルクの2層が美しいタルゴナラテ880円。韓国で人気のチューリップ柄レトログラスもキュート♡
Salon de Louis Jewelry Café → P.30

ミルク、ラテ、ミルクティーの3種類のタルゴナを用意。いずれも580円
ソウルティラミス → P.46

左からハングルがかわいいカップに入ったタルゴナラテ、バージョンアップしたチョコラテ、ポップコーンラテ各490円。いずれもコスメ2000円以上購入で無料も
lattencos lattendaily → P.20

タルゴナ

彗星のごとく現れたホイップコーヒー&ミルク。韓国版カルメ焼き（タルゴナ）に味や色が似ていることがネーミングの由来。

左からタルゴナクリーミー、タルゴナラテオリジナル各715円とかなりの進化版ビスコフフラッペ748円
2D cafe → P.31

冬限定のホットも

トッピングのタルゴナが溶けていくほど、コクと甘味が増していくタルゴナラテ680円
ノランナ → P.25

珍しい紅茶のタルゴナ！

タルゴナがのったスコーンもある。プレーン270円、紅茶味302円

芳醇な香りとコクが特徴のアッサム茶葉を紅茶専用エスプレッソマシンで抽出して作ったタルゴナミルクティー648円

紅茶×タルゴナをテイクアウト
天a (Cha Aoyama) チャ（チャアオヤマ）

韓国・ソウルの森にあるおしゃれカフェが、テイクアウト専門店として東京に初上陸。従来のものよりやわらかめで、濃厚で香ばしく仕上がったタルゴナをぜひ味わってみて。

Map P.118-B2 表参道
🏠 渋谷区渋谷2-1-11 ☎03-3407-1083 ⏰10:00~18:30 🚫無休 🚇地下鉄表参道駅B1出口から徒歩6分
@cha_aoyama

ミルク、コーヒー、ホイップクリーム、ポップコーンと4層のハーモニーを楽しもう。ポップコーンラテ900円
Salon de Louis → P.30

トッピングが大きめのタルゴナカフェラテ605円
COOING → P.42

44　シンプルな天a（Cha Aoyama）のクロッフルが大好きです。クリスマスにはデコクロッフルがありました。（神奈川県・美優）

至福の韓国グルメ8連発
東京でいただきま〜す

辛くて（辛くないものもあるけど）、味わい深くて、独創的な韓国料理。ときおり無性に食べたくなるほど、その中毒性はハンパない！

鶏 タッコギ 닭고기

いまや日本での韓国料理ブームの代表格。カラッと揚がったフライドチキンに、みんな大好きチーズとの相性も抜群。

ハニーバターとチェダーチーズのパウダーチキンMサイズ1690円

骨なしモモ肉のハニーガーリックMサイズ1790円

フライドチキン骨ありMサイズ1460円。衣のサクサク感がたまらない

種類豊富な味変チキンに舌鼓
市場タッカルビ & BBQ Chicken
シジャンタッカルビ&ビービーキューチキン

オリジナルのフライドチキンをはじめ、ソースや部位の異なるさまざまなチキンが楽しめる。サイドメニューも充実。

Map P.117-A2 新大久保
🏠新宿区大久保2-25-2 ☎03-6868-5555 ⏰11:00〜20:00 休無休 🚃JR新大久保駅から徒歩5分

3フロア総席数100の大型店

マッコリ1480円、マッコリカクテル各380円には8種類のフレーバーがある

ヘルシーなローストチキン
Goobne
グッネ

韓国発のチキンチェーン。油で揚げないオーブンローストチキンだからあっさりヘルシー。いくつでも食べられそう。

チェダー、クリーム、ブルーチーズのミックスパウダーがかかったディープチーズチキン骨あり1羽3036円

選べる2種類のチキンとトロトロチーズが絡むUFOフォンデュ3036円

Map P.117-A2 新大久保
🏠新宿区大久保2-32-1 敬ビル2F ☎03-6273-9496 ⏰11:00〜20:00 休無休 🚃JR新大久保駅から徒歩3分 📷goobne_japan

外パリッ中ジューシーのグッネオリジナル骨あり1羽3036円

チキンの相棒はビール！

韓国では、チキンとメクチュ（ビール）でチメクという造語があるほど相性抜群のコンビ。また、チキンの口直しに大根の酢漬けがついてくるのも一般的。

チメク！

市場タッカルビ＆BBQ Chickenと市場タッカルビ両方行ったことがあります。店内の壁の絵がかわいいんです。（千葉県・りか）

たっぷりチーズの元祖!
市場タッカルビ
シジャンタッカルビ

チーズタッカルビ発祥の店。韓国の地方料理タッカルビに大量のチーズを合わせたことで"映える"と大ブームに。元祖の味を堪能しよう。

ピリ辛のコチュジャンダレに漬け込んだ鶏肉や野菜に2種類のチーズを絡めた魅惑の味。2948円

Map P.117-A2 新大久保

📍新宿区大久保1-16-16 ☎03-3202-2400 ⏰10:30〜20:00 休無休 🚃JR新大久保駅から徒歩4分

韓国グルメ8連発

テイクアウトはアメコミ風ボックスに入れてくれる

粉雪チーズがクセになる
NENE CHICKEN
ネネチキン

韓国内外で店舗を展開する大型チキンチェーン。新大久保に3店ある。人気No.1のスノーウィングチキンは必食!

Map P.117-A2 新大久保

📍新宿区大久保1-12-7 ☎03-6205-6920 ⏰11:00〜24:00 (L.O.23:00) 休無休 🚃JR新大久保駅から徒歩7分 📷nenechicken_official_jp

韓国チキンのサイドメニューとして定着したチーズボール5個750円

粉チーズを雪のようにかけたスノーウィングチキン1羽2840円

2種類のチキンを選べるハーフ&ハーフ2950円

青唐辛子チキン1羽2900円。も〜っと辛いメニューは、その名も「涙が出るほど辛いチキン」1羽2800円

Map P.117-A1 新大久保

📍新宿区百人町1-1-26 第三サタケビル2F ☎03-6205-5892 ⏰11:00〜翌1:00 休無休 🚃JR新大久保駅から徒歩7分

アメコミ風ホドンさん

辛いチキンを食べるならココ
カンホドン678チキン

人気タレントのカン・ホドンがプロデュース。韓国の街なかにあるチキン店そのままの雰囲気。オーダー後に揚げるチキンは熱々サクサク。

Map P.115-C3 大鳥居

📍大田区羽田1-1-3 ☎03-5735-5721 ⏰10:00〜21:00 休無休 🚃京急空港線大鳥居駅から徒歩10秒 📷bb_q_olive_chicken_cafe

1本から買える。オリーブチキン骨付き290円

ドラマ好きにおすすめのチキン
bb・q OLIVE CHICKEN cafe
ビービーキューオリーブチキンカフェ

ドラマ『愛の不時着』や『トッケビ』などに登場したチキンチェーンは日本にもある! オリーブオイルで揚げるチキンは驚くほど軽い口当たり。

フライドポテト、ハニーブレッド、ドリンクがセットになったヤンニョムチキンコンボ990円

カップサイズチキン500円〜

特製ソースです!

渋谷スタイルの韓国チキン
CHICKEN TIME
Soul food
チキンタイムソウルフード

2階にイートインスペースもある

街歩きの途中でも気軽に韓国チキンが味わえる人気店。おすすめは、バーガーとカップサイズチキン。

Map P.118-B1 渋谷

📍渋谷区宇田川町29-3 ☎03-6427-8617 ⏰10:00〜23:00 休無休 🚃JR渋谷駅ハチ公口から徒歩5分 📷chicken_time_shibuya

クリスピーバーガーもおすすめ

ヤンニョムチキンバーガー680円などバーガーは5種

韓国の出前No.1は圧倒的にチキン。公園や路上など、どんな場所にでもデリバリーしてくれるのがユニーク。

豚 데지고기
デジコギ

2

韓国焼肉の主役「豚」。
バラ肉を使ったサムギョプサル、
タレに漬け込んだテジカルビ、
想像するだけでおなかが鳴りそう。

ギョウジャニンニクに巻いて食べるのがおすすめ！

熟成サムギョプサルセット1人分1628円

研究し尽くされた熟成豚
ヨプの王豚塩焼
ヨプノオウブタシオヤキ

ブランド豚・岩中豚を14日間熟成させたサムギョプサル店。肉の厚さは肉汁を閉じ込めるのに最適な3.5cmに統一。

Map P.117-A2 新大久保

🏠新宿区大久保1-16-21 ☎03-3202-3852 🕐11:00～24:00(L.O.23:00) 休無休 🚃JR新大久保駅から徒歩5分 @yopu_official

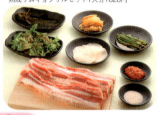

豚肉＆チーズ
おいしすぎ〜

韓国料理フルラインアップ
ソジュハンザン

220種類もの韓国料理が揃う。イチオシはサムギョプサル。韓国の焼肉店同様、焼きキムチと一緒にいただく味は絶品！

Map P.117-A2 新大久保

🏠新宿区大久保1-12-14 ☎03-6233-7544 🕐24時間 休無休 🚃JR新大久保駅から徒歩6分 @sojuhanzan_sinokubo

辛い豚肉炒めなど3種の肉料理をご飯と一緒に野菜で包んで食べるサンパブセット1628円は肉好きにおすすめ！

豚肉をチーズにディップ！
とんちゃん+
トンチャンプラス

サムギョプサル人気の火つけ役として知られるとんちゃん。注目はチーズとのコラボ。新感覚の焼肉を味わおう。

Map P.117-A2 新大久保

🏠新宿区大久保1-17-5 ☎03-6821-5191 🕐11:00～24:00 休無休 🚃JR新大久保駅から徒歩7分

チーズサムギョプサル
1人分1408円

豪華なおかずがつくコースは
1人分2178円〜

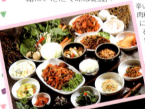

サムギョプサルセット
1人分
1628円

50 ✉ソウルで熟成サムギョプサルを食べて以来、熟成豚推し。ヨプの王豚塩焼おいしかったです。（東京都・琴音）

韓国グルメ8連発

韓国通がハマるプルコギ
セマウル食堂
セマウルシッタン

韓国で多くの飲食店を手がける人気料理研究家の豚焼肉チェーン。名物メニューの熱炭豚プルコギが日本でも食べられる！

Map P.117-A1 新大久保
🏠新宿区百人町1-1-4 ☎03-6205-6226 ⏰11:30～翌3:00（L.O.翌1:00）休無休 🚇JR新大久保駅から徒歩6分

特製ダレに漬けたスライス肉を炭火で焼く熱炭豚プルコギ968円

韓国の店舗と同じ雰囲気

お肉が自慢の人気2号店
ソジュハンザン029
ソジュハンザンオニク

人気店の2号店。店名の029（お肉）のとおり、ガッツリ焼肉がおすすめ。豚焼肉に、おかず3品、チゲ、ライス、ドリンク付きのランチがお得。

Map P.117-A2 新大久保
🏠新宿区大久保1-12-1 ☎03-6380-3578 ⏰24時間 休無休 🚇JR新大久保駅から徒歩9分 @sojuhanzan029

豚カルビとサムギョプサル。ランチのセットは1人分各1628円

左からコチュジャンサムギョプサル、味噌サムギョプサル、厚切りサムギョプサル。各1人分1628円

バリエ豊富なサムギョプサル
韓サラン
ハンサラン

韓国料理全般が楽しめる。おすすめは、厚切り、コチュジャン、味噌3種類の味が用意されているサムギョプサル。

Map P.117-A2 新大久保
🏠新宿区大久保1-16-15 豊生堂ビル2F ☎03-5292-1161 ⏰10:30～15:00、16:00～23:30（L.O.23:00）休無休 🚇JR新大久保駅から徒歩4分 @han.saran

伝統家屋をイメージした店内

オンドル石のサムギョプサル
とんちゃん新大久保別館

大久保通り沿いにあり、とんちゃんで最もにぎやかな店舗。オンドル石で焼くサムギョプサルが食べられる。

Map P.117-A1 新大久保
🏠新宿区百人町2-1-4 盛好堂ビル2F ☎03-5292-6889 ⏰12:00～23:30 休無休 🚇JR新大久保駅から徒歩2分

イ・ジュンギ席がある

オンドル石の遠赤外線効果によりジューシーに焼き上がる。野菜サムギョプサルセット1人分1078円

希少部位のマクチャン（豚の直腸）1520円

人気焼肉店がついに日本上陸
ハナムデジジップ

韓国の店舗は芸能人も通う有名チェーン。豚肉をあらかじめ高温の炭火で素焼きし、余分な油を落としてうま味を凝縮させるのが特徴。

Map P.117-A2 新大久保
🏠新宿区大久保1-16-30 ☎03-3232-7077 ⏰11:00～24:00（L.O.23:00）休無休 🚇JR新大久保駅から徒歩6分 @hanampig.jp

生サムギョプサル、豚ロース、豚カルビのハナム盛り合わせ3610円

ギョウジャニンニクは韓国でミョンイナムルといい、サムギョプサルの付け合わせの定番。巻いて食べると絶品！

51

牛 ソコギ 소고기

ウサムギョプ1人分
1428円

元祖ジョンノハットグ＆ホットックの2階に店舗がある

韓国ホルモンが食べられる
ジョンノホルモン物語
ジョンノホルモンモノガタリ

低カロリーでコラーゲン豊富な韓国ホルモン焼肉の専門店。なんとこの店ではチーズフォンデュで食べられる。

Map P.117-A2 新大久保

🏠 新宿区大久保1-12-6 2F ☎03-3208-8282 ⏰11:00～翌5:00（L.O.翌4:00）休 無休 🚉JR新大久保駅から徒歩8分
📷 jongno_horumon

チーズフォンデュ鉄板ホルモン盛り合わせサンチュ1人分1670円～、塩味、辛味、味噌、ハーフ＆ハーフが選べる

コリアンBBQ寿司と和牛ユッケ寿司1298円～、3168円～

SNSで話題のロングユッケ
PALLET46
パレット46

長さ50cmの特大ユッケ寿司が話題。和牛ユッケ、和牛ネギトロなどユッケ寿司は5種類。食べる前に写真を撮って～。

カフェのようなおしゃれなインテリア

Map P.117-A2 新大久保

🏠 新宿区大久保2-18-10 ☎03-6457-6692 ⏰11:00～20:00（L.O.19:30）休 無休 🚉JR新大久保駅から徒歩8分
📷 pallet46

グルメ番組などでも活躍するオーナーのベク・ジョンウォン

牛のサムギョプサルが美味
本家
ボンガ

セマウル食堂同様、料理研究家が経営。名物メニューは、牛の三枚肉を薄切りにしたウサムギョプの焼肉。野菜との相性も◎

Map P.117-A1 新大久保

🏠 新宿区大久保1-17-10 2F ☎03-6205-9437 ⏰11:00～24:00 休 無休 🚉JR新大久保駅から徒歩7分

野菜に包んだり、ネギを巻いて食べるとよりおいしい

冬限定で生牛ユッケ1600円も食べられる

食べ放題もある韓国焼肉店
YAKUYAKU食堂
ヤクヤクショクドウ

牛焼肉を中心に、豚、鶏、スープ、ご飯もの、一品料理など、あらゆる韓国料理が食べられる。食べ放題は90分ひとり2200円～。

Map P.117-B1 新宿

🏠 新宿区歌舞伎町1-19-3 6F ☎03-6278-9835 ⏰12:00～翌0:00（L.O.23:30）休 無休 🚉JR新宿駅東口から徒歩6分
📷 yakuyaku_shinjyuku

壺漬けカルビ、牛タン、カルビ、ロース、ハラミの5品盛り3500円

✉ YAKUYAKU食堂は+600円でタピオカ飲み放題があります。(神奈川県・日菜)

海鮮 ヘムル 해물

4

海に囲まれた韓国には、日本同様バリエーション豊かな海鮮料理がある。韓国味に変身したシーフードにトライ！

甘辛ヤンニョムに漬け込んだヤンニョムケジャン2068円もおすすめ

吸いつくおいしさ!?

店内の水槽から出し、生きたまま調理されるサンナッチ2618円

계장

メスのワタリガニだけを使ったカンジャンケジャン2948円

卵とカニ味噌たっぷり

カニのうま味にかぶりつこう
テジョンデ

韓国式海鮮料理店。名物はワタリガニを醤油ダレに漬けたカンジャンケジャン。とろけるおいしさは一度食べたらやみつきになる！

Map **P.117-A1** 新大久保
🏠 新宿区百人町1-6-15 N・Kビル2F
📞 03-3207-8881
🕐 11:00～24:00
無休 JR新大久保駅から徒歩1分
📷 tejonde

韓国グルメ8連発

激辛イカが新大久保に上陸！
ウリチプパルダンオジンオ
イカ・鶏足（もみじ）専門店

ウリチプパルダンオジンオ イカ・ケイソク（モミジ）センモンテン

韓国発の激辛料理チェーン。ここの激辛は、韓国の人でも音を上げるほど。我こそは！と思う人はぜひ挑戦して。辛くないメニューもある。

Map **P.117-A1** 新大久保
🏠 新宿区百人町2-2-3 TRN新大久保ビル B1F 📞 03-6380-2667
🕐 11:30～翌5:00 無休 JR新大久保駅から徒歩1分
📷 woopaldang.japan

辛そうなエントランスが迎えてくれる

名物メニューのイカ炒め2700円。普通の辛さと激辛が選べる

ビジュアルにもパンチのある鶏足炒め（タッパル）2300円も激辛が選べる

ピョルジャン ➡ P.24

エビを醤油漬けにしたカンジャンセウ1298円。トロッとした食感と甘味がご飯に合う

ここでも海鮮メニュー発見！

いろんな韓国料理メニューを揃えている居酒屋でも海鮮料理を楽しむことができる。

Oh!キッチンN ➡ P.24
お好み焼き感覚で食べられる海鮮チヂミ1408円

イイダコ炒め1628円。こちらもかなり激辛

ソジュハンザン ➡ P.50

ピョルジャンのカンジャンセウは店のスタッフがカットしてくれる。頭と尻尾の身は吸い出し、腹部分はご飯に混ぜて。

53

スープ
タン/チゲ/クッ
탕/찌개/국

タン、チゲ、クッ、どれもスープを指す。種類も具材も辛さもバリエ豊富。ご飯を入れスープご飯にするものも多い。

ジョンノ ホルモン物語 → P.52
白スンドゥブチゲ
辛くないスンドゥブで豆腐本来の味が楽しめる。1080円（ディナー価格）

ソジュ ハンザン029 → P.51
大王カルビタン
骨付き牛肉のスープ。焼肉店の隠れ絶品メニュー。1600円

韓花 → P.104
ユッケジャン
細く割いた牛肉入りのスープ。ランチはおかず3品+デザート付き1200円

韓サラン → P.51
プデチゲ
スパムやソーセージ、ラーメンなどを辛いスープで煮込んだ鍋。2980円

市場タッカルビ → P.49
ソルロンタン
乳白色のスープには牛のうまみたっぷり。おかず6種とご飯もついて1090円

韓サラン → P.51
カムジャタン
豚の背肉とジャガイモを煮込んだ鍋。箸ではぐれるほどやわらかい肉は絶品！2980円

やねべや → P.24
骨ヘジャンク
骨付き肉のピリ辛スープ。酔い覚ましとして知られている。1078円

1日20食限定！

とんちゃん 新大久保別館 → P.51
ココ漢方参鶏湯
もち米入りの若鶏を煮込んだスープ。漢方たっぷりの健康食。980円

豚肉とホクホクジャガイモのキムチスンドゥブ
ほくほくのじゃがいもがスープにマッチ。カムジャタンのような満足度が◎ 1280円 Ⓐ

とんちゃん+ → P.50
豚（デジ）クッパ
豚の各部位を煮込んだ素朴な味わいのスープ。ご飯を入れて食べる。1078円

ネジャンタン
ハチノス、ギアラ、センマイなどのホルモンを煮込んだスープ。990円 Ⓑ

カルビウゴジタン
骨付きカルビと野菜を煮込んだ優しい味。990円 Ⓑ

Ⓐ オリジナルスンドゥブも
東京純豆腐 新宿東口店
トウキョウスンドゥブシンジュクヒガシグチテン
国産大豆を使った手作り豆腐で仕立て上質のスンドゥブが味わえる。

Map P.117-B1 新宿
🏠新新宿区新宿3-30-11 第2タカノビルB1F ☎03-5368-8778 🕐11:00～23:00（L.O.フード22:00、ドリンク22:30）🈚無休 🚉JR新宿駅東口から徒歩3分

Ⓑ 行列の絶えない健康スープ
ヤンピョンヘジャンク
ヘジャンクとは二日酔い解消スープという意味。栄養価が高く美容にも効果がある。

Map P.117-A2 新大久保
🏠新新宿区大久保1-6-12 2F ☎03-3208-5502 🕐11:00～24:00 🈚無休 🚉JR新大久保駅から徒歩7分

飯 (パッ・밥)

韓国は日本と同じく米が主食。日本食に似た料理も多いけれど、味つけやスタイルはちょっと違うのが興味深い。

栄養石炊きご飯
栗や雑穀米を石釜で炊いた栄養たっぷりのご飯。お焦げもおいしい。1188円
ヨブの王豚塩焼 → P.50

鉄板ビビンバ
熱々鉄板で提供されるビビンバは、肉も入ってボリューミー。1188円
Oh!キッチンN → P.24

ビビンバハンサン
ご飯の上に野菜やナムルをのせビビン(混ぜる)して食べる。おかず9品つきで1298円
ビョルジャン → P.24

石焼きビビンバ
熱々の石の器に盛られたご飯と具材。ランチはおかず3品＋スープ＋デザート付き1200円
韓花 → P.104

キムパッ Ⓒ
韓国版のり巻き。ゴマ油と塩で味つけしたご飯が特徴。具材はバラエティ豊か。550〜990円

チーズのり巻き
キムパッの進化版。伸びるチーズを楽しんで。880円
ビョルジャン → P.24

韓国グルメ8連発

麺 (ミョン・면)

韓国を代表する麺といえば冷麺。また、カップ麺の種類の豊富さからもわかるように、韓国人はかなりの麺好きのよう。

シャーベット冷麺
コクのあるシャーベット状スープのそば粉麺の水冷麺。さっぱり食べられる。1080円
山本牛臓 麻布十番店 → P.107

ビビン冷麺と水冷麺 Ⓓ
冷麺単品980円に＋400円で炭火焼き肉がつくお得なセット

ビビン冷麺
自家製コチュジャンで仕上げた甘辛さのバランスが絶妙。1078円
ヨブの王豚塩焼 → P.50

チャパゲティ
映画『パラサイト』で話題になった麺が居酒屋で食べられる。858円
人生酒場 → P.24

キムチマリ素麺
キムチスープと小麦粉麺を使った朝鮮半島北部の郷土料理。焼肉のサイドメニューに◎ 1080円
ハナム デジジップ → P.51

Ⓒ 韓国の軽食が揃っている
明洞のり巻
ミョンドンノリマキ
キムパッ、チヂミ、ラーメンなど手軽に食べられるメニューの専門店。

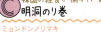

Map **P.117-A1** 新大久保
新新宿区百人町1-3-17
03-3232-8896 24時間
無休 JR新大久保から徒歩3分

Ⓓ 冷麺＋炭火焼肉が人気
コサム冷麺専門店
コサムレイメンセンモンテン
辛くない水冷麺、コチュジャンダレの辛いビビン冷麺どちらも絶品。

Map **P.117-A1** 新大久保
新新宿区百人町1-1-26 第三サタケビル1F 03-6233-7081 11:00〜24:00(L.O.23:00) 無休 JR新大久保駅から徒歩7分

冷麺は長いままが一般的。そのままでは弾力があって食べにくいので、はさみで切って食べよう。

57

173円

スイングチップ
炒めコチュジャン味
ジャガイモの風味を感じるスイングカットのチップス。Hotと書いてあるけど程よい辛さ

214円

オジンオチップ
オジンオ（イカ）の形をしたかわいいスナック。イカバター焼き味でほんのり甘い

オジンオはイカ

バナナキック
発売当時、輸入品のバナナを気軽に食べられるよう開発したスナック。口どけがやわらか

128円

コブクチップコーンスープ味
カメ（コブキ）の甲羅がモチーフの4層構造の軽いスナック。優しいコーンスープ味

160円

ポテトチップス
ユッケジャンサバルミョン味
韓国の人気カップ麺・ユッケジャンラーメン味のポテトチップス。ピリ辛であと引くおいしさ

213円

辛ダンドントッポッキ
トッポッキタウンとして有名な新堂洞（シンダンドン）をもじったスナック。サクサクの甘辛味

108円

オー！カムジャグラタン味
中が空洞になったスティック状のポテトチップス。珍しいグラタン味でまろやかな口当たり

160円

チョコパイ情
マシュマロをスポンジとチョコでサンド。1974年に誕生したロングセラーの国民的おやつ

460円

韓国スーパー売れ筋50品目

お菓子＆ドリンク

スナックやチョコ、ドリンクのビジュアルがかわいさはNo.1！
アレコレ買って写真も忘れずに。

チュー＆リアルクンコグマ
韓国版干しイモに香ばしい焼きイモ味が登場。100％サツマイモで添加物不使用の優しい味

311円

マットンサン
サクサク食感と表面のピーナッツがアクセント。程よい甘さの韓国版かりんとう

174円

ひまわり種入りチョコ
ひまわり種をカラフルなチョコでコーティング。韓国語ではヘバラギ（ひまわり）チョコ

119円

クルクァベギ
天然ハチミツ入りの甘いツイストスナック。サクサクとした歯応えとハチミツの甘さが絶妙

128円

ボンボン
果肉入りジュース。一番人気のブドウのほかに、モモ、パイナップルもある

100円

トンアーモンド
一粒にアーモンドが丸ごとくっついたキャラメルキャンディ。香ばしさがクセになる

247円

すりおろし梨ジュース
韓国産の甘くてみずみずしい梨をすりおろしたジュース。焼酎を割るのにもおすすめ

100円

チキンポップ
甘辛のチキンベース味のスナック。小さいポップコーンサイズで食べやすい

160円

ソウル市場の商品はオンラインでも購入可能。冷凍食品はクール便で送ってもらえる。

346円
海鮮スンドゥブ
液体ポーションタイプ。ドラマ『梨泰院クラス』のようにオリジナル具材でグレードアップ！

344円
タッカンマリ鍋つゆ
ストレートタイプのスープが入っていて2～3人分が作れる。丸鶏で作ると盛り上がりそう

市場タッカルビソース
ソウル市場オリジナル。新大久保の人気店（P.49）の味でチーズタッカルビホームパーティ♪

322円

ヤンニョムチキンソース
揚げたてのチキンにあえるだけで本格的なヤンニョムチキンに。トッポッキや餃子にも合う

452円

カリッとジューシー！

745円

チキンティギムカル
韓国風フライドチキンが作れるパウダー。パウダー+水、パウダーのみの衣2度付けがコツ

199円
プデチゲヤンニョム
牛骨ベースの鍋。ビーンズ、ソーセージ、ハム、インスタントラーメンなど身近な食材をIN！

ダシダ
すっかり有名になった韓国料理の万能ダシ。牛肉のほか、イリコ、アサリなどのベースもある

196円

調味料＆お酒

本格派は材料を揃えて韓国料理クッキングに挑戦。できあがったら韓国のお酒と一緒に♡

サムジャン
甘辛の韓国ミソ。サンチュで巻いて食べる韓国焼肉には欠かせない。野菜スティックにも◎

227円

374円
チャプサルホットクミックス
屋台の定番おやつが作れる。生地を作ってあんを詰めて焼くだけ。もちもち食感にやみつき

柚子茶
ゆずの果肉たっぷりの甘いお茶。焼酎を割ったり、トースト、アイス、ヨーグルトにもぴったり

505円

ブルダックマヨ
マヨネーズの甘さの先に激辛の刺激が。いろんなものと合わせて自分なりの食べ方を探して

529円

コチュジャン
これだけでどんな料理も韓国テイストに早変わり。チューブタイプは持ち歩きにも便利

227円

1078円
1000億プロバイオマッコリ
1本当たり1000億個の乳酸菌を培養し、腸内をきれいにしてくれる。微炭酸ではかな酸味

チャズル
リンゴのリキュールから造ったワインのような焼酎。いろんなフルーツフレーバーがある

396円

322円
ハニーマスタード
一度食べたらハマるヤミツキソース。チキン、ポテト、トーストなどいろんな料理でトライ！

常備しょ♡

ピリ辛キムチ味ふりかけのり
ゴマ油が効いた海苔とピリ辛のキムチが悪魔的なおいしさ。ご飯がすすみすぎるので要注意

160円

眞露 チャミスル
ドラマにもよく登場する韓国焼酎のフルーツシリーズの新フレーバー。甘くて口当たりがいい

396円

フレーバーいっぱい！
マッコリも焼酎にもさまざまなフレーバーがあって飲み比べたくなる。韓国では、そのまま飲むだけでなく、サイダーやフルーツジュース、コーラなどで割るカスタム飲みも流行

韓国スーパー売れ筋50品目

ソウル市場の商品の店頭価格は随時変更されます。

「私のとっておきグルメはコレ!」

いつもは韓国取材でおいしいものを食べ尽くしている取材スタッフも、東京で出会った韓国グルメに興味津々。気になったモノを実食リポート!

サクッ、ふわっ、甘♡ もう普通のラテには戻れな〜い

ステイホーム中、流行にのっかってタルゴナラテデビュー。しかーし、取材中のカフェで飲んだ"本物"のタルゴナ(カルメ焼き)がのったラテのおいしさに感動。そして、韓国スーパーで出会ったのが、このタ(ダ)ルゴナトッピング408円! 溶けていくほどに香ばしさが加わって、おうちカフェがワンランク上の味になりました♪(編集S)

韓国広場 →P.23

一瞬歯が折れた!と思うけど大丈夫。それは香ばしいアイツです

ハニーバターアーモンドの新作がどんどん生まれて、とうとうコーンとのコラボ1134円が誕生。どんなにおいしいかと期待してパク。カタイ、すんごくカタイ。でも舌の上で転がしていると焼きトウモロコシの香ばしい味が広がりクセになる。韓国ではサーティーワンにこのフレーバーがあるらしいから早く渡韓したい!(編集K)

ソウル市場 →P.58

キュートなグラスで カエル君とコンベ〜

本当はボク青いんです

TVCMも流れ日本でもすっかりおなじみの韓国焼酎チャミスル。新大久保のスーパーで、数量限定のハート形カエル君グラスつきチャミスル2本セット841円を発見。このカエル君、名前は두꺼비(トゥッコビ)。SHINeeと踊ったり、グッズが販売されたり、いま韓国で大人気。カエルキャラ好きとしては放っておけないので、めっちゃくちゃユニークなインスタフォローしちゃいました。(フォトM)
@official.jinro

韓国広場 →P.23

コレは"ご飯がススム"より お酒がススムくん

ススムくんはきっと子供だからお酒は飲めないけれど、お酒のおつまみにちょうどいい「ご飯がススム さばのキムチ煮」198円。ここのキムチ同様辛さはマイルドで、サバの身も脂のうま味を損なわずいい塩梅で缶詰に。今は締め切りに追われて缶から食べる生活だけど、アレンジにもいろいろ生かせそう!(編集I)

近所のスーパーで購入〜

こんなに身近な存在なのね! に驚きの韓国フード

合計2711円お買い上げ!

KALDIと無印良品にオリジナル韓国フードがあるとの噂を聞き、早速買い出しへ。品揃えの豊富さにテンションが上がってしまい思わず爆買い☆ ということで、おうちde韓国フードフェアスタート! 私的TOP3は、KALDIスンドゥブチゲの素、KALDIソルロンクッパ、無印良品カムジャタン。どれも超お手軽に本場に近い味が楽しめるのがナイス! でも、ソウルで食べた、清潭スンドゥブ、神仙ソルロンタン(明洞店は閉店 涙)、マルトゥギカムジャタンを思い出してしまった。… 早く韓国旅行いきた〜い!(編集S)

要冷凍で計1270円

韓国に行かなくても
買えちゃうの？

おしゃれでポップ☆ いまが"買い" 韓国発アイテム

「韓国に飛んで思いっきりショッピングした〜い」ゴコロがムクムク…。
そんなとき、まずは東京にある韓国発ショップを巡ってみよう。
ファッションだって、雑貨だって、本だって、えりすぐりが待っている。
買い物フラストレーションため込まずに発散させちゃおう。

And More OIA's Style

ALAND
スタッフが セレクト&モデル

ドラマ『梨泰院クラス』のふたりのヒロインをイメージしたコーディネートをALANDの春夏アイテムでコンプリートしてもらいました。さらに、イソ・スア風になれるアイテムもピックアップ♪

ALAND TOKYO

東京K-Fashion
韓ドラヒロイン

おしゃれすぎる韓国ドラマのヒロイン♡ 着こなし そんなヒロインコーデを、ホットな韓国ファッ

ISTKUNST
イストクンスト
カジュアルストリートブランドのクロップド白Tシャツ6050円

ALAND staff スジンさん
『梨泰院クラス』チョ・イソ
조이서

甘辛ミックスコーデが特徴的なイソは、今年らしいキュートなトップス×エッジの効いた個性派パンツ。直球勝負で真っすぐなキャラクターにぴったりのスタイル

Back / Front

NASTYKICK
ネスティキック
手書きフォントデザインがユニークなユニセックスTシャツ4730円

1階はユニセックス&アクセサリー、2階はレディス&メンズがブランドごとに並んでいる

TOP
Anothera
アナザーエー
旬のクロップドシャツ。軽やかなサッカー生地で夏の定番アイテムとして重宝しそう。
8580円

BAG
Nasty Fancy Club
ナスティファンシークラブ
反抗的だけどロマンティックムードアイテムが特徴的なブランドのコットンクロスバッグ
5280円

PANTS
Nasty Fancy Club
ナスティファンシークラブ
K-POPアイドルも愛用するNASTYKICKのレディスライン。大胆なバタフライペイントが目を引く。
9350円

PLASMASPHERE
プラズマスフィア
ローズの刺繍と胸元のギャザーがポイントのVネックTシャツ3850円

citybreeze
シティブリーズ
ポリエステル素材の総チェック柄ミニスカート7150円

店内ディスプレイやSNSにアップされるスタッフによるコーデは要チェック

韓国の最旬トレンドを発信
ALAND TOKYO
エーランド トウキョウ

2020年秋に日本初上陸した人気セレクトショップ。新進デザイナーとサブカルチャーを積極的に発掘し、世界のマーケットから熱い注目を浴びている。東京では70〜100の韓国ブランドが揃い、急速に変化するトレンドを反映したプライベートブランドも展開中。

DEARSTALKER
ディアストーカー
ストリートファッションを演出するナイロンカーゴパンツ9460円

Map P.118-B1 渋谷

🏠 渋谷区宇田川町20-11 ☎03-6452-5275
🕐 11:00〜21:00 休無休 ◎JR渋谷駅ハチ公口から徒歩3分 @aland_jp、aland_tokyo

ALANDのインスタのファンです。メンションされているスタッフの服装も参考にしています。（神奈川県・リコ）

64

の聖地で なりきりコーデ

と役柄がマッチして、参考にしたいスタイル満載。
ションが続々上陸している東京でGetしよう!

ALANDスタッフが、2021年に注目している韓国ブランド
は、mahagrid（マハグリッド）、vivastudio（ビバスタジオ）、
PLASMASPHERE（プラズマスフィア）、Anothera（アナザー
エー）、Nasty Fancy Club（ナスティファンシークラブ）など

And More 수아's Style

Eyeye アイアイ
異なるデザインのボタンがおしゃれなジャケットブラウス 2万9700円

ALAND staff さとこさん
『梨泰院クラス』
오수아 オ・スア

キャリアウーマンのスアは、きれいめジャケット&パンツ。ただし、インナーやシューズをあえてカジュアルにして、仕事のできるオンナのこなれ感をプラス

3.3 FIELD TRIP 33フィールドトリップ
ALANDのプライベートブランドのキャミソール。通気性がよく着心地のいいサッカー生地。3300円

TOP

3.3 FIELD TRIP 3.3フィールドトリップ
涼しげなギンガムチェックのシャーリングブラウス 6050円

JACKET

citybreeze シティブリーズ
アーティスティックでユニークなデザインが特徴のブランド。ウエストのタイが表情豊か。2万3100円

3.3 FIELD TRIP 3.3フィールドトリップ
コーデのポイントになる結び目が特徴的なホーボーバッグ 8650円

among アモング
バイカラーのレイヤードをあしらったプリーツスカート 1万5400円

PANTS

citybreeze シティブリーズ
裾のスカラップデザインがかわいいピンクのワイドパンツ。はき心地もよく動きやすい。1万1000円

韓国発のキッチュな雑貨や大ヒットコスメも扱っている

citybreeze シティブリーズ
ハイウエストで脚長効果抜群の柄フレアパンツ 9900円

BAG   SHOES

FUN FROM FUN ファンフロムファン
ハーフムーン形のバッグ。ストラップの長さが調節可能で、ファッションに合わせて活用できる。1万5400円

SUPERGA スペルガ
イタリア発の同ブランド定番アイテム「2730」の日本限定スニーカー。スタイルアップに◎な厚底デザイン。9900円

東京K-Fashionの聖地

ALANDのシンボルになっているFISHオリジナルエコバッグ 2090円

I'm Not Chic — Sid Vicious 1957-79

3.3 FIELD TRIP（3.3フィールドトリップ）のバッグチャーム 各2750円

Fennec（フェネック）の牛革ジッパーウォレット 各6500円

キュートなクマが人気急上昇中。earpearp（オプオプ）のスマホケース 2750円

レトロテイストな雑貨ブランド1537のポケットミラー 1650円

韓国で大流行のマスクストラップ。ツインベア990円、ダイナソー1430円

井の頭通りに面した1・2階

ALANDの店内は、あえて導線がわかりにくいレイアウトになっている。これはソウルの路地裏をイメージしたもの。

65

韓国언니ファッション

ドラマで話題になった女優コーデから韓国のおしゃれインスタグラマーの着こなしまで、大人女子に取り入れてほしい언니(お姉さん)系のスタイルが話題。

『キム秘書はいったい、なぜ?』キム・ミソ風
OLファッションのバイブル的スタイル。ボウタイをあしらったとろみブラウス5467円とウエストがドレープになっているペンシルスカート4920円

オフィスでもプライベートでも毎日着たくなるアイテムが揃っている

大人かわいいリアルクローズ
DHOLIC
ディーホリック

韓国発ライフスタイル通販サイトの実店舗。コンセプトは、ベーシックを基盤にトレンドを取り入れたリアルクローズ。高品質なのに価格はリーズナブル。オフィスコーデにもピッタリだから、働く女性から高い支持を得ている。コスメセレクトショップ、CREE'MARE by DHOLICも展開中。

Map P.117-B1 新宿

新宿区新宿3-38-1 ルミネエスト新宿B1F ☎03-6380-6397 ⏰11:00〜21:30(土・日・祝10:30〜) 無休 JR新宿駅東口直結 @dholic_official

CREE'MARE → P.81

可憐な花柄デザインのハーフパフスリーブTシャツ3421円

アンバランスな裾が動きに合わせて揺れるフリルプリーツスカート5918円

派手すぎずに華やかに魅せるパステルカラーのスラックス2574円

シャツスタイルでアンバランス感のあるティアードワンピース3938円

『愛の不時着』ユン・セリ風
令嬢で社長の華やかさがカギ。スクエアネックとパフスリーブで美デコルテをつくるミニワンピ4600円にレディハートチャームバッグ5300円をプラス

キラキラボタンでカジュアルになりすぎないAラインデニムワンピ5300円

両サイドのフリルとビッグリボンが目に留まるホワイトブラウス4300円

2021年2月オープン。ドールハウスのようなショップインテリアが目印

甘くなりすぎない"かわいい"
ME'VE the store
ミーヴザストア

Map P.118-A1 原宿

渋谷区神宮前1-11-6 ラフォーレ原宿B0.5F ☎03-6434-0209 ⏰11:00〜20:00 無休 地下鉄明治神宮前(原宿)駅5番出口から徒歩1分 @mevethestore

コンセプトは「Lady cute Korean style」。リボンやフリルなど、かわいらしいデザインのなかにも、ちょっと攻めたポイントをプラスした韓国ファッションらしい独自の世界観が人気。コーデや小物使いなど、知識豊富なスタッフに相談してみて。

1着持っていればコーデが完璧に決まる万能ブラックミニスカート3600円

キレイ系にもガーリー系にも使える人気No.1のビーズハンドバッグ7700円

66 STYLENANDAの2・3階にあるフォトスポットは自由に撮影してOKでした。(宮城県・七海)

STYLENANDAモデルの
コン・スア風

BLACKPINKやIUの衣装としても有名だけど、特に参考にしたいのが専属モデルのコーデ。コン・スアちゃん着用のレースフラワーワンピ4930円にライトカーキ色のBIGカラーショートジャケット6210円をON

原宿のPINK HOTEL
STYLENANDA 原宿店
スタイルナンダハラジュクテン

オンラインからスタートしたおしゃれ韓国ファッションの代名詞的存在。原宿の店舗はソウル・明洞店そっくりのピンクホテル仕様で、映えスポットとしても有名。自社コスメブランド3CEからも多くのヒットアイテムを展開している。

Map P.118-A1 原宿

渋谷区神宮前1-6-9 03-6721-1612 11:30〜19:30 無休 JR原宿駅竹下口から徒歩3分
@stylenanda_japan

竹下通りでひときわ目を引くピンクの外観。コスメとアパレル両方チェックしよう

フロントジップが印象的なロングデニムスカート8460円

着ているだけで楽しくなるカラフルプリントオーバーTシャツ3860円

東京K-Fashionの聖地

異色の日本発韓国アパレル
17kg
イチナナキログラム

インスタ発韓国アパレル通販のリアルショップ。若き日本人CEOとスタッフが日本人ウケする最旬韓国スタイルをセレクト。10〜20代が手に取りやすいプチプラにこだわっている。オリジナルラインの「17MADE」もスタート。

Map P.118-A1 原宿

渋谷区神宮前1-11-6 ラフォーレ原宿B0.5F 03-6721-0012 11:00〜21:00 無休 地下鉄明治神宮前〈原宿〉駅5番出口から徒歩1分 @17kg_laforet

ワンアイテムでキマるチェックブラウス＋ビスチェのセット4100円

『愛の不時着』ユン・セリ風
ハイブランドのセリファッションをプチプラでかなえるウエストマークチェックワンピース4200円

ピンクバスルームがコンセプトの店内

オーバーサイズで着たいストリートマーブルスエット2980円

入店は公式サイトでの予約優先。ポップアップストアは2022年6月30日まで

ミニバッグとしても使えるキャンバス地の巾着ポーチ2200円

韓国オンニ御用達ブランド
depound
ディパウンド

おしゃれインスタグラマーの投稿で目にする「#디파운드」がポップアップストアで登場。日常に溶け込むライフスタイルブランドがコンセプトで、シンプルなトートバッグは特に人気。アパレルもシンプル＆ナチュラルで大人女子におすすめ。

Map P.118-C1 代官山

渋谷区猿楽町20-13 11:00〜19:00 月 優先 東急東横線代官山駅西口から徒歩4分 @depound_japan

インスタグラマーのような오니風
オンニスタイルは「抜け感×カジュアルだけど上品」が基本。袖口にd/pのロゴ入りTシャツ7480円、HラインのミディスカートT9900円に、ベースボールキャップ5280円、デイバッグ1万3750円をプラス

WITH DEPOUND
iPhone11/11PRO/12PRO用のクリアスマホケース3960円

夏にサラッと着たいバックリボンスリップドレス1万5400円

スカイブルーのクラシックフィットのスタンダードシャツ1万4850円

DHOLICのオンラインショップは、新作アップ後24時間限定で10%オフを実施。ファンは毎日チェックしている。

K-POPアイドルとお揃いのアイテムでコーディネートできる

.KOM
ドットコム

ブレイクアイテムが勢揃い

ジェンダーレスで感度の高いアイテムを提案するセレクトショップ。K-POPアイドルが着ていたことでファンの間で有名になった韓国ブランドが充実している。

Map P.118-B1 渋谷

🏠渋谷区神南1-23-10 MAGNET by SHIBUYA109 4F ☎03-3708-4555 ⏰10:00〜21:00 🚫無休 🚃JR渋谷駅ハチ公口から徒歩1分 @dot_kom_official

多くのK-POPアイドルが着用して大ブレイクしたKIRSH（キルシー）のチェリースエット8580円

OIOi（オアイオアイ）のセカンドブランド5252byOIOi（5252バイオアイオアイ）のスエット8690円

NCTテヨンも色違いを着用。ROMANTIC CROWN（ロマンティッククラウン）のシャツ1万1550円

韓国の学生の間で大人気の次世代ブランドmuahmuah（ムアムア）のスエット4620円

2ヵ月で10万枚のTシャツが売れたというカルトブランドmahagrid（マハグリッド）のスエット7040円

東京K-Fashionの聖地

A'GEM/9
エイジェムナイン

"クアンク"スタイルをゲット！

韓国で流行中の「꾸안꾸（クアンク）＝着飾ったような着てないような」の略語」スタイルが揃う。注目ブランドばかりなので、部屋着のようなユルさとトレンドが絶妙にミックス。

Map P.118-B1 渋谷

🏠渋谷区神南1-23-10 MAGNET by SHIBUYA 109 4F ☎03-3477-8088 ⏰10:00〜21:00 🚫無休 🚃JR渋谷駅ハチ公口から徒歩1分 @agem9_shibuya

EXOほか多くのアイドルが愛用するoddstudio（オッドスタジオ）のロゴTシャツ5720円

こちらも多くのK-POPアイドル愛用。OY（オーワイ）のジップシャツ9790円

꾸안꾸（クアンク）スタイルの代表格ISTKUNST（イストクンスト）のスエット7700円

韓国女子をトリコにした着瘦せ効果抜群のchuu（チュー）の−5kgジーンズ5540円

美大卒の4人組が立ち上げた注目の新生ブランドWONDER VISITOR（ワンダービジター）のTシャツ各6490円

シャツに重ねるだけでスタイルアップするOY（オーワイ）のベスト1万1880円

カラフルなSONYU SONA（ソナ）のフルーツバスケットスエット2480円

WONDER VISITOR（ワンダービジター）のフラワーパターンスエット各1万1550円

いるだけで元気になれそうなポップで楽しい店内

IMADA MARKET
イマダマーケット

K-Fashionを先取りしよう

「"未だ"世に出ていないブランドを"今"発信していく」がコンセプト。韓国の人気ブランドはもちろん、日本でここだけの韓国ブランドも扱っている。

Map P.118-B1 渋谷

🏠渋谷区道玄坂2-29-1 SHIBUYA109渋谷店B1F ☎03-3477-5019 ⏰10:00〜21:00 🚫無休 🚃JR渋谷駅ハチ公口から徒歩2分 @imadamarket

---

Never mind the XU
ネヴァーマインドザエックスユー

ネクストブレイクの宝庫

アジアブランドを扱うセレクトショップで、特に韓国ブランドが充実している。パンクテイストなアイテムが多く、1点取り入れるだけで個性的なコーデが完成。

Map P.118-A1 原宿

🏠渋谷区神宮前1-11-6 ラフォーレ原宿4F ☎03-6438-95079 ⏰11:00〜20:00 🚫無休 🚃地下鉄明治神宮前(原宿)駅5番出口から徒歩1分 @xu_tokyo

BTSのVも愛用するROMANTIC CROWN（ロマンティッククラウン）のピンストライプタイジャツ1万1880円

ダークでパンクな世界観のVLADES（ブラデス）のTシャツ5280円

BTSのRM着用で有名なAJO AJOBYAJO（アジョバイアジョ）のキャップ6380円

NCTショウタロウも愛用のSINCITY（シンシティ）のフーディ9680円

ローンチされたばかりの韓国新進気鋭デザイナーのブランドも取り扱っている

ユニセックスで使えるBASIC COTTON（ベイシックコットン）のホーボーバッグ7480円

SHINeeやGOT7、BTSも愛用するANOTHERYOUTH（アナザーユース）のペンダント4180円

通販サイトの60%（P.74）には「BTS着用特集」があり、愛用のアイテムを購入することができる。

69

手ぶらでは帰れない！ 今をときめく韓国クリエイターの雑貨の世界へようこそ～

ハイセンスでユニークなクリエイター雑貨は、お気に入りを見つけてしまったら最後。もう沼。そんな沼の入口、高円寺のPKPへご案内。

雑貨屋PKP
ザッカヤピーケイピー

オーナーとの会話も楽しい

韓国と雑貨が大好きなオーナー・菅野さんが2020年にオープンした店。すでに人気のクリエイターや新進気鋭の逸材と直接交渉し仕入れた雑貨は、ちょっと奇抜、でもほっこりするものばかり。

Map P.114-A2 高円寺
杉並区高円寺南4-34-10 グランドコート三上101 15:00～20:00 水 JR高円寺駅南口から徒歩3分 @zakka_pkp

#1 Goodmorningtown

タトゥアーティストが描くゆるい動物のイラストが大ヒット。出会えたら即買いが鉄則。

キーチェーン 2420円

BOOGERBEAR BUNCH IN GOODMORNINGTOWN

バンダナ 3520円

#2 DOWNTOWN MIX JUICE

一見ファンシー、実はシュールなイラストが大人にも大ウケ。1980年代テイストも人気の秘密。

1. マスキングテープ 990円
2,3,4. ステッカーパック 990円

オーナーおすすめ 今注目のクリエイター 5

「韓国には才能のあるクリエイターがまだまだたくさんいます。運命の出会いがあるかも」

菅野 奈都代さん

推しはカ目標達成

韓国旅行のおみやげに買った雑貨がいつも友人たちに好評で、それなら、と思い立って開業。実は推しの除隊までに何かしたいという思いもあって(笑)。がんばって無事にオープンできました。

neonmoonのクマキャラSleepy Teddyが大好き。PKPにもありました！（神奈川県・ななこ）

手触りのよいこたち

どうぶつポーチ 各4950円

グリップトック 各2640円

#3 hozumi

ベビースワンのSayhoがキャラクターのポーチブランド。ミニトートなども定番。

#4 mwm

電子レンジも大丈夫

優しい色調とデザインが特徴の陶器は、ソウルにあるスタジオ兼カフェで手作りした、すべて一点物。

プレート 4180円～

#5 AIRSLAND

パーツの組み合わせで何通りものキャンドルが楽しめる。2021年はフェンディとのコラボも実現。

コラージュキャンドル 5500円～

赤ちゃん恐竜♡

日本語で買える韓国雑貨のオンラインショップも！

moim
モイム
20種以上の韓国雑貨ブランドを公式販売。まずはここをチェック。お気に入りがきっと見つかる。
URL www.moim.jp

THENCE
デンス
ビンテージやストリート風のポップなデザイン。K-POPアイドルのグッズデザインも。
URL www.thence.co.jp

depound
ディウンド
雑貨以外にファッションアイテムも展開。代官山にポップアップストアもオープン。P.67
URL www.depound.jp

～韓国クリエイターの雑貨の世界へようこそ～

シンプル&ナチュラルが今旬の
韓国インテリアはコチラ

白や生成りを基調としたカフェ風インテリアが韓国のVLOGで大人気。再現するには……

フラワーベース 2650円

LEONのレシピ 2000円

ひとつ取り入れるだけでガラリ

Somsatang ソムサタン

シンプルだけどガーリーな、大人かわいい韓国雑貨が並ぶ店。ソイワックスのキャンドルやフラワーベースをおうちに置くだけで、不思議と韓国っぽさがアップ。

Map P.114-B2　松陰神社前
🏠 世田谷区若林3-17-6　⏰ 11:00～16:00　休 水
（ほかの休業日はInstagramで確認）
🚉 東急世田谷線松陰神社前駅から徒歩2分　@s_omsatang

チューリップ（造花）1本180円

毛玉キャンドル 800円～

フラワーベース 2300円

表紙がすてき

Nobody in the Sea (詩集) 2000円

トートバッグ 2300円

チーズキャンドル 900円～

ボンボンキャンドル 1350円

ソウルの人気雑貨店objectが楽天市場に日本公式オンラインショップをオープン。

日本でもベストセラー！今読みたい韓国の本10冊

ブームは韓国ドラマに始まり、いよいよ文学へも。小説、エッセイ、絵本など、韓国人作家の豊かな感性に触れ、心揺さぶられる未知なる体験を。

セレクトは神保町の韓国専門ブックカフェ チェッコリ

Check it!

旅好きなaruco読者に向けて、日本にいながら韓国の街や人を感じられるような作品を、なるべく新刊のなかから選びました。また、K文学初心者でも、K-POPやドラマに関する情報があれば興味がわくのでは、と思い数冊忍び込ませてあります

チェッコリ宣伝・広報兼ときどき店長の佐々木静代さん

1 BTS Vも読んだ癒やしと共感の一冊
『家にいるのに家に帰りたい』
クォン・ラビン著 桑畑優香訳 辰巳出版1320円

「BTS Vがグラミーミュージアムで紹介し、話題になったエッセイが早くも邦訳されベストセラーに。日常にあるさまざまな現実に心を痛め、うずくまっている私たちを優しく包んでくれるような言葉とイラストに癒やされる」

2 がんばらない人生のその後
『今日も言い訳しながら生きてます』
ハ・ワン著 岡崎暢子訳 ダイヤモンド社1595円

「日本語版も10万部を超える大ヒットとなった『あやうく一生懸命生きるところだった』の著者の最新作。自分の人生の肯定的な面を主観的に見いだして、楽しく生きることの重要性を軽やかに伝授」

とはいえ、K文学の入口はこっち？スルーできない大ベストセラー2冊

「韓国で136万部を突破し、社会現象にまでなった『82年生まれ キム・ジヨン』(チョ・ナムジュ著 斎藤真理子訳 筑摩書房1650円)と、感情のない16歳の高校生に感動と希望を与えられる『アーモンド』(ソン・ウォンピョン著 矢島暁子訳 祥伝社1760円)。この2冊を読まずしてK文学は語れない！」

3 男女賃金格差を痛快に斬る
『失われた賃金を求めて』
イ・ミンギョン著 小山内園子・すんみ訳 タバブックス1870円

「『私たちにはことばが必要だ フェミニストは黙らない』で鮮烈な印象を与えたイ・ミンギョンの邦訳2作目。男女の賃金格差に斬り込んだ作品。男女賃金格差がOECD加盟国中『不動のワースト1位』の韓国の社会事情が描かれている」

韓国の本の脱力系イラストがお気に入り。読む前からほっこりします。(三重県・ラブモン)

今読みたい韓国の本10冊

4
実在する店が登場！
『とにかく、トッポッキ』
ヨジョ著 澤田今日子訳 クオン1430円

「韓国の人気シンガーソングライター、作家、書店店主のヨジョが、通い続けた懐かしい店や一緒に食べた友人など、トッポッキにまつわる思い出をユーモアたっぷりに綴ったエッセイ集。実在する店もあり、すぐにでも行きたくなる」

5
韓国で2020年にドラマ化
『仕事の喜びと哀しみ』
チャン・リュジン著 牧野美加訳 クオン1980円

表題作『仕事の喜びと哀しみ』がチャンビ新人小説賞を受賞し、ウェブに公開されるとたちまち共感を呼ぶ40万ビューを記録。韓国の現実と向き合いながらも、あるあると頷いてしまう。まさに"仕事の喜びと哀しみ"が詰まった一冊」

6
Netflixオリジナルドラマに
『保健室のアン・ウニョン先生』
チョン・セラン著 斎藤真理子訳 亜紀書房1760円

「邦訳出版が続くベストセラー作家チョン・セランが紡ぐ奇想天外なストーリー。2020年に『保健教師アン・ウニョン』としてチョン・ユミ、ナム・ジュヒョク共演でドラマ化、世界に配信され話題となった」

7
新世代作家のデビュー作
『わたしたちが光の速さで進めないなら』
キム・チョヨプ著 カン・バンファ、ユン・ジヨン訳 早川書房1980円

「第2回韓国科学文学賞中編大賞と佳作賞受賞2作をはじめ7作が収録されたSF短編集。科学が進歩した世界を描きながらも、なぜかどの作品も"今"を考えさせられる内容。それでいて心地よく、今まで味わったことのない感情に」

8
新しい形の共同生活記
『女ふたり、暮らしています。』
キム・ハナ、ファン・ソヌ著 清水知佐子訳 CCCメディアハウス1650円

「コピーライターとファッション誌『W Korea』の元編集長による女ふたりの共同生活記。単なるルームメイトでも、恋人でもない、女ふたりと猫4匹の暮らし。"結婚=幸せ"という考え方から解放された現代女性に贈る新しい生き方提案」

9
九州、宮城に受け継がれる思い
『[オルレ]道をつなぐ』
ソ・ミョンスク著 姜信子 牧野美加訳 クオン2420円

「済州島の人気トレッキングコース、済州オルレを創設したソ・ミョンスクの激動の人生記。済州島の美しい風景を思い描きながら、彼女の『オルレ』に込めた思いを受け止めてほしい作品。その思いは今、日本にも受け継がれている」

韓国関連の本が4000冊以上
チェッコリ CHEKCCORI

韓国の翻訳本などを手がける出版社クオンが運営。店長は日替わりで、それぞれ得意分野が異なるので通う楽しみも。韓国にちなんだトークイベントを頻繁に開催し、現在はオンラインで実施。

Map P.116-B2 神保町
千代田区神田神保町1-7-3三省堂ビル3F 03-5244-5425 12:00〜20:00、土11:00〜19:00 日・月 地下鉄神保町駅A5・7出口から徒歩1分 @chekccori

読書しながらさらに韓国補給！
チェッコリではKカルチャーを学ぶ「チェッコリ大学」と翻訳者を目指す人のための「チェッコリ翻訳スクール」を開講中。詳しくは URL www.chekccori.tokyo

新しい韓国の文学シリーズ
韓国文学ショートショート

1. ドラマ『サイコだけど大丈夫』の絵本シリーズも 2. 厳選したタイトルと装丁がおしゃれなクオンの本 3. 『梨泰院クラス』のマンガ発見！

パク・ソジュンのシンクロ率！

日本語版のみの特別作品も！
『クモンカゲ 韓国の小さなよろず屋』
イ・ミギョン著 清水知佐子訳 クオン3740円

「BTS RMが展示会に訪れ、購入した絵がリビングに飾られているという、イ・ミギョンのエッセイ画集。ペン画の昔かしいクモンカゲ（よろず屋）の風景と心に響くエッセイが素朴な幸せをよみがえらせてくれる」

チェッコリとクオンの本はオンラインでも購入可能で、韓国からの取り寄せにも対応してくれる。 73

aruco調査隊が行く!!②

🧥=ウエア　👟=シューズ
🧳=雑貨　🪑=インテリア
💍=アクセサリー

あの話題のブランドも！
日本語で買える
公式オンラインSHOP 10選

人気韓国アイテムの購入はもちろん、カスタマーサービスも日本語でOKという日本公式オンラインショップが急増中！なかでもいま注目すべきショップをインスタで調査♪

毎日のように人気ブランドが入店

◎ sixtypercent_official
60％ シックスティーパーセント

アジアの250以上のブランドを扱い、特に韓国発のセレクションが秀逸！ブランドやシーン別のほか話題のキーワードでアイテム検索できる。

ロマクラの愛称でおなじみ

◎ romanticcrown_japan
ROMANTIC CROWN ロマンティッククラウン

2021年5月、待望の日本公式ショップオープン。世界で最も注目されるストリートブランドのひとつで、K-POPアイドル着用でも有名。

デイジーモチーフの先駆者

◎ wigglewiggle.jp
Wiggle Wiggle ウィグルウィグル

ポップなシリコン製スマホケースで一躍人気になった雑貨ブランド。ポーチやラップトップケースなど、かわいすぎるアイテムに注目！

おサイフにチャカン（やさしい）♪

◎ chaakan_japan
Chaakan Shoes チャカン靴

ソウル弘大にフラッグシップストアがあるシューズブランド。ほとんどの靴が2000円前後という値段で気軽にワンシーズン履きできる。

日本最大級の韓国ブランド通販サイト

◎ konvini_official_jp
KONVINI コンビニ

ストリート系を中心に話題のブランドを扱うセレクトショップ。ウエアのほか、スマホケースが人気のearpearpなど雑貨ブランドもラインアップ。

フォロワー13万超えの人気ショップ

◎ poproom_official
POPROOM ポップルーム

ナチュラルカラーを中心にした小物や家具が揃う。インスタで公開されている購入者のインテリア実例は見ているだけで楽しくて参考に。

洗練されたデザインが魅力

◎ nyu_nyu_official
NYUNYU ニューニュー

ソウル東大門の店舗が旅行者にも大人気のアクセサリーショップ。卸売りなのでとにかく安く最旬のピアスやネックレスを購入できる。

男女を問わずアイドルが次々着用

◎ vivastudio_jp_official
VIVASTUDIO ビバスタジオ

クールなブランドロゴのパーカーやTシャツが人気のブランド。BTSやTWICEが愛用していることでも話題。新規会員登録でポイント付与。

オン・オフに使えるアイテムがいっぱい

◎ merongshop_jp
MERONG SHOP メロンショップ

カジュアルなデザインが中心のショップ。公式ショップのSALEやプチプラコーナーは要チェック。レビュー投稿でポイント付与も。

毎週商品が追加されるSALEが人気

◎ secretlabel_jp
SECRET LABEL シークレットラベル

女性らしいフェミニンなスタイル中心のショップ。ウエアのほか靴やバッグもあるのでトータルコーデも可能。新規会員登録でポイント付与。

韓国のコスメが大好きなのでQ10のメガ割は毎回爆買い！クーポンを使いきってしまったら家族や友達からもらいます！（愛知県・てん）

自分磨きのために Kビューティ 力を貸して!

プチプラなのに高機能、パケもキュートな韓国コスメが手放せない！
新作アイテムのニュースに心躍るし、高評価のクチコミを見ると試したくなる。
さらに、まだトライしていない体の内側からキレイも体験してみたい。
思い立ったその瞬間から自分磨きが始まる。韓国的美活にチャレンジしよう！

全アイテム東京で買える！
メイクのプロ監修
韓国最旬コスメ

最近では、ドラッグストアでも気軽に買える韓国コスメ。ビギナーはいろいろあって迷っちゃう。そこで、P.26でメイクアップを担当してくれたasanoさんに、使ってよかった＆注目アイテムを教えてもらいました！

使ってみた感想を参考にしてください

beplain ビープレーン
ファヘ♥で1位を獲得している肌に優しく地球に優しい人気急上昇ブランド
@beplain_jp

緑豆弱酸性クレンジングフォーム1600円、カモミール弱酸性トナー＆ローション3599円、シカフルアンプル2800円／日本公式オンラインショップ

ファヘ (화해)
韓国で最も人気のあるコスメのクチコミアプリ。韓国語のみだけどランキングなど参考にしてみて

基本のN.M.Fから使ってみて。洗顔料は使用後のつっぱりが少なく泡もキメ細かい

MEDIHEAL メディヒール
いまや韓国マスクの代表的存在。肌の悩み別にアイテムをラインアップ
@mediheal_official

SKINCARE

コンフォーティングクリーム5060円、ルーセントオイル6600円、トリートメントローション4950円／日本公式オンラインショップ

合成香料や着色料、シリコンなど不使用だから敏感肌も安心。シンプルな3ステップも◎

N.M.Fアクアリングクレンジングフォーム1320円、N.M.Fアクアリングアンプルマスク260円／SKINGARDEN P.81

アモーレパシフィック
韓国最大手コスメメーカー。LANEIGE、HERA、ETUDE、innisfree、eSpoirなど20以上のブランドがある

ウォータースリーピングマスク2380円／日本公式オンラインショップ

寝る前にひと塗りで翌朝はうるる艶肌に。メイク前のスキンケア時に薄く塗ってもOKです

LANEIGE ラネージュ
アモーレパシフィック♥の人気ブランド。肌の水分力に特化している
@amorepacific_beauty_jp

BEIGIC ベージック
ヴィーガンスキンケアブランド。コーヒー豆由来成分を全製品に使用
@beigic_jp

別名"水分爆弾パック"。気軽にサロンに行けない今にピッタリの自宅エステアイテムです

23 years old トゥエンティスリーイヤーズオールド
「23歳の肌を蘇らせる」がコンセプトのプレミアホームケアブランド
@23yearsold_jp

アクアバブモデリングマスク2970円／PLAZA P.81

VT ブイティ
肌科学テクノロジーに基づくベースメイクが評判。シカシリーズも多数
@vtcosmetics_japan

スーパーヒアルロンアンプル3300円／lattencos P.20,81 水分量をコントロールするので、どんな肌質でもOK。ヒアルロン酸たっぷりでぬれたような艶肌に

Klairs クレアス
皮膚科学専門研究所で開発された自然派スキンケア。コンセプトは「シンプルだけど十分」
@klairs_jp

フレッシュジュースドビタミンEマスク2700円／CREE MARE P.81 プリンのような硬めのぷるぷるテクスチャー。肌の弾力が格段にアップ

Dr.Jart+ ドクタージャルト
皮膚科学の専門医師によるドクターズコスメ。シカ♥成分配合コスメが大ヒット
@drjart_kr

シカペアクリーム4950円／SKINGARDEN P.81 シカで最も有名。改良された2世代クリーム。再生促進成分マデカソサイド含有量が8000倍アップ！

シカ (Cica)
植物のツボクサの学名「センテラアジアチカ」が由来。ニキビ跡やシミなど、肌の炎症、損傷を改善

ドクタージャルトの即効性にびっくり！メディヒールは韓国に行ったときに100枚くらい買っちゃいました。(ちー)

eSpoir エスポワール

アモーレパシフィックグループ。香水ブランドとしてスタートした @espoir_jp

しっかりカバーで高密着。素肌のようなナチュラルで艶っぽい仕上がりになります

プロテーラービーグロウクッション3190円／PLAZA P.81

ETUDE エチュード →P.80

ダブルラスティングクッショングロウ2420円 セミマットファンデのヒット アイテム。みずみずしさが持続し、内側から輝く艶肌をつくる

innisfree
イニスフリー →P.80

チェリーブロッサム トーンアップ クリーム UV SPF30／PA++ 2530円（※トーンアップメイクアップ効果）
チェジュ島のサクラ葉エキス配合。トーンアップ、日焼け止め、保湿クリーム、化粧下地の4in1の大ヒットクリーム ※サクラ葉エキス=ソメイヨシノ葉エキス（保湿成分）

2021年の新作。肌の水分をキープしながらトーンアップ。ピンクフィルター効果も！

3CE スリーシーイー
→P.80
トーンアップティント2140円

Purplish パープリッシュ

モデルのイム・ボラがプロデュース。リップティントが大ヒット
@purplish_official_
@beautitopping_jp

クラウドトーンオンブースター2200円／日本公式オンラインショップ

トーンアップベース。ホホバ種子油が肌の凹凸をカバーして、陶器肌の土台をつくります

韓国最旬コスメ

NUNI BUSHER ヌニブッシャー

韓国語の「눈부시다ヌニブシダ=まぶしい」由来のカラーメイク専門ブランド @nuni_busher_jp

デュアルカバー2700円／CREEMARE P.81 しっとりとした水分感で満たす水分光彩テクスチャー。小ジワを埋めてなめらかに密着する

LANEIGE
ラネージュ →P.76

ネオクッションマット2750円／日本公式オンラインショップ

マスクに付きにくい。少ない量でもカバー力があり密着度が高くてヨレにくいんです

FACE

HERA ヘラ

韓国を代表するデパコスブランド。アモーレパシフィックグループ @herabeauty_official

エアリーパウダープライマーフェイスパウダー6600円／日本公式オンラインショップ

メイク前のパウダー下地。毛穴カバーや皮脂テカリをブロックしながら保湿も万全です

ETUDE エチュード →P.80

ダブルラスティングファンデーション2420円 余分な皮脂を吸収するダブルフィックスシステムで24時間崩れにくい。マスクにも付きにくい

too cool for school
トゥークールフォースクール

個性的なパケが人気。10代向けだけど質はハイレベルで幅広い年代が支持
@toocoolforschool_jp

アートクラスバイロダンシェーディングマスター2090円／PLAZA P.81 韓国では持っていない人はいないといわれるほど有名な国民的コスメ。3色の組み合わせで立体感のある小顔を演出

Dr.Jart+ ドクタージャルト →P.76

ドクタージャルトシカペアリカバー1925円／PLAZA P.81

シカシリーズの頂点！肌への負担は少ないのにカバー力＆日焼け止め効果もばっちり

大ヒットパウダーがリニューアル。細かいパウダーがおでこや鼻の皮脂をしっかり吸着

innisfree イニスフリー →P.80

ノーセバム ミネラルパウダーN 825円

NO-SEBUM MINERAL POWDER
innisfree

参考にしています！
ブラシを替えて仕上がりレベルUP！
大人気韓国メイクブラシが日本上陸

asanoさんも通っているソウルのメイクブラシ店が新大久保に誕生。韓国の多くのメイクアップアーティストも愛用するプロ仕様。高品質なのに価格はリーズナブル！

Ancci Brush アンシブラシ

Map P.117-A1 新大久保
新宿区百人町1-23-1 タキガワ百人町ビル2F 12:30～17:30 無休 JR大久保駅南口から徒歩2分 @anccibrush_jp

1 左から、人気No.1のリキッド＆クリームファンデーションブラシ(ebony10) 1980円、日本初のクリームチーク＆下地用ブラシ(ebony11) 2400円、万能アラ隠しコンシーラーブラシ(ebony16) 980円、自信作のアイシャドウブラシ(ebony24) 2140円、アイメイク好きのためのこだわりアイシャドウブラシ(ebony40) 1080円 2 専門知識豊富なスタッフが自分に合うブラシを使ってメイク方法を伝授してくれる。要事前予約

innisfreeのパウダーは前髪の生え際につける使用法も人気。

innisfree
イニスフリー
→ P.80
スキニー マイクロ
カラ1188円

かなり細いブラシが
産毛のようなまつげも
しっかりキャッチ。下ま
つげにも塗りやすい

A'pieu
アピュー
2008年誕生のMISSHAの妹ブランド。高コスパなアイテムが多い
@apieu_japan

フルショットルーティーンアイパレット（日本限定カラー）1650円／PLAZA P.81 ベースからグリッターまでテイリーに使える4色。まぶたや涙袋、気分によってのせる位置を変えても楽しい

UNLEASHIA
アンリシア
グリッター♥コスメで一躍人気になったヴィーガンブランド
@unleashia_jp
ゲットルースグリッタージェル
1540円／SKINGARDEN P.81

大粒のラメが流行のキラキラしたグリッターメイクにもピッタリ。パッケージも◎

グリッター
ラメが入ったコスメ。アイホール、涙袋、目じりなど塗る場所で雰囲気が大きく変わる。微細から大粒までラメの質感もさまざま

rom&nd
ロムアンド →P79
ハンオールシャープブロウ1650円／日本公式オンラインショップ シャープペンシル、クリームパウダー、シャープブラシが一体。重ね塗りでも濃すぎない自然な発色

発売当時は売り切れ続出。カラーが多く、ひとつでデイリーから華やかメイクまでOK

ETUDE
エチュード →P.80
プレイカラーアイシャドウベイクハウス2750円
焼きたてのパンをイメージした10色パレット。ほかにも、カフェやワインパーティなどユニークなカラーコンセプトシリーズが大人気

3CE
スリーシーイー →P.80
アイスイッチ1610円 大粒のホログラムグリッター。しなやかな弾力の繊細エラストマー筆採用。ビタミンE、シアバター配合の保湿成分で目元のケアも

CLIO
クリオ
プロが絶賛するメイク専門ブランド。大ヒットアイテム多数
@cliojapan
プロアイパレット
3740円／PLAZA P.81

innisfree
イニスフリー
→ P.80
トゥインクル グリター 各1100円
極細の内蔵ブラシでまぶたに塗り指でなじませる。リキッドタイプだからグリッターが飛び散らず、乾くとまぶたに密着

3CE
スリーシーイー →P.80
ソフトマットリップスティック1920円
優難で落ち着いたくすみカラーがマットに仕上がる。シリコンエラストマーパウダーがつけたことを忘れるほど軽やかに密着しサラサラに

ひと塗りで6色のグラデが完成するリップバーは同ブランドのロングセラー！

peripera
ペリペラ
CLIOの妹ブランド。INKシリーズが大ヒット。パケがかわいいことでも有名
@periperajapan
インクブラックカラ1380円／
SKINGARDEN P.81

マスクの湿気で落ちやすいカールも1日しっかりキープ。カラーバリエも豊富です

CLIO
クリオ →上記
ウオータープルーフペンライナー1800円／日本公式オンラインショップ 使いやすいスポンジチップとインクタンクシステムで、最初のタッチから最後まで切れ目なく均一なラインが描ける

innisfree
イニスフリー →P.80
ビビッドコットン インクティント1188円 グロスみたいにスルスルと滑るように塗れるのに、マットに仕上がる。コットンのように表面はサラサラで、内側はしっとり潤う

LANEIGE
ラネージュ →P.76
レイヤリングリップバー3300円／日本公式オンラインショップ

 ron&ndはカラーバリエが多く自分に合った色を選べて好き。パケもかわいいし手軽に買えます。（東京都・のん）

rom&nd ロムアンド
美容系YouTuberミン・セロムがプロデュース。パーソナルカラーを重視したアイテム ◎romand_jp

ベターザンパレット 3190円／PLAZA P.81 美しいくすみカラーが特徴。10色揃っているので、ラブリーメイクからブラウンメイクまで多彩に楽しめる

dasique デイジーク
韓国のドラッグストアの人気アイテムで、2020年日本に上陸したメイクブランド ◎dasique_jp

ムードアップマスカラロング&カール1980円／PLAZA P.81 エクステのように長くきれいなカールまつげになる。まぶたのカーブにフィットする細めのブラシで、短いまつげも塗りやすい

9区アイシャドウの先駆け。色のバランスがよく発色も抜群です。捨て色がないですね

3CE スリーシーイー →P.80
マルチアイカラーパレット4070円

ETUDE エチュード →P.80
ティアーアイライナー858円 うるんとした涙袋を演出してくれるキラキラパール入りアイライナー。光の角度で輝きが変化する

韓国最旬コスメ

MISSHA ミシャ
2003年に誕生したプチプラコスメの元祖的存在。BBクリームが大ブームに ◎missha.beauty

グリッタープリズムマーブル（日本限定カラー）各1320円／PLAZA P.81 半球形のジェリータイプ。粉飛びしにくくピタッと密着

ETUDE エチュード →P.80
フィクシングティント1485円 素肌を美しく見せてくれる落ち着いたミューティカラー。やわらかな仕上がりで程よい血色感のスモーキートーンで使いやすい

メイク好き韓国女子はだいたい持っている。絶妙なカラーバリエーションがいいですね

eSpoir エスポワール →P.77
クチュールリップティントシャイン 2200円／日本公式オンラインショップ

A'pieu アピュー →P.78
ウォーターライトティント 1100円／SKINGARDEN P.81

水光ティントといえばコレ。明るいオレンジ〜ピンク系に加え、最近はヌーディ系も追加

LIP

rom&nd ロムアンド →上記
グラスティングウォーターティント 1320円／PLAZA P.81

ティント
口紅やグロスは色を付ける「顔料」が配合されているのに対し、ティントは唇を染める「染料」配合。うるつやメイクが人気の最近の韓国ではティントのほうが主流

水分系の先駆け。ティントは乾きやすいという印象が一変。ベタつかないのにツヤ♡ぷる

Flynn フリン
韓国でじわじわと知名度を上げ始めているブランド。リップの発色に定評がある ◎flynn.japan

イリュージョンコーティングティント1568円／CREEMARE P.81 透明感のあるみずみずしい水光カラーが特徴。時間がたつとぷるんとした質感がアップ。色移りしにくい♡MLBB♡リップ

Bbia ピアー
韓国クチコミアプリの上位の常連。日本でもSNSを中心に話題 ◎bbia.official

ラストベルベットリップティント2400円／日本公式オンラインショップ

しっかりリップメイクを楽しみたい人におすすめ。ブラウン〜レッド系が特にきれい

MLBB
韓国で人気のMLBBとは「My Lips But Better」の頭文字で、「自分の素の色に似ているけど、もっときれいに見せてくれる色」の意味。ヌーディでナチュラルなのが特徴

UNLEASHIA アンリシア →P.78
グリッターリーウェーブリップバーム各1628円／PLAZA P.81 ほんのり色づく偏光パール入りリップバーム。オリーブオイル、マンゴーシードバターなどの植物性原料配合で、べたつかずしっとりとガラス玉のようになる

韓国コスメで日本限定色や日本限定コフレを販売するブランドが増えている。プレミア感のある限定好きは要チェック！

@原宿

韓国コスメブームの元祖
ETUDE HOUSE
エチュードハウス

2020年からブランド名はETUDE ショップがETUDE HOUSEに。原宿竹下通り本店では、ぴったりのメイクを提案してくれるパーソナルカラーサービス（有料・要予約）を実施（※原宿・竹下通り本店限定）。キスチョコとのコラボなど限定コスメも！

Map P.118-A1 原宿

🏠 渋谷区神宮前1-7-1 CUTE CUBE HARAJUKU 1F ☎03-6455-4453
🕙 10:00～20:00 🚫無休 🚇JR原宿駅南口下口から徒歩3分
📷 @etudejapan

1,2 カワイイ文化発信地である原宿にぴったりのかわいい店内

Hunting Cruise!

韓国ハンティング

人気タウンには訪れ
韓国コスメショ
ニューアイテムとベスト
1日で全ショップ

1 メイクタイムが楽しくなるピンクルーマーポーチスモール1060円 2,3,4 1・2階にメイクが並ぶ。コスメのオブジェが置かれたフォトスポットも 5 新ティントは、ウォーターゲルとプライマーゲルが唇に密着し、ふわっとなめらかな仕上がりに。ブラーウォーターティント1610円 6 4色のグリッターアイシャドウがひとつに。宝石のような明るく透明感のある目元が楽しめる。ミニマルチアイカラーパレット2790円

3 4色のアイシャドウを重ねるだけで理想のグラデが完成するプレイカラーアイズミニオブジェ1980円 5 左からスンジョントナー1595円、スンジョンモイストエマルジョン1595円、スンジョンバーム2035円。弱酸性のスキンケアライン。ジェルタイプのバームにはシカ成分を配合 6 単色や重ね塗りもできるクリアカラーのシロップグロッシーバーム各1485円。ピンクオーロラとライラックシャワーは日本限定色

3CE
スリーシーイー

アパレルブランドSTYLE NANDAのコスメライン。陶器肌を演出するファンデや涙袋ライナーなど、最新のメイクトレンドを牽引する優秀アイテムが揃う。

STYLE NANDA → P.67

自然派コスメが並ぶ店内は癒やしの空間

済州島の自然の恵みたっぷり
innisfree
イニスフリー

チェジュ島産の火山岩盤水や植物など、天然素材を主原料としたコスメ。特に、オーガニック認証を受けている自社農園で栽培した緑茶を使ったグリーンティーラインは人気。表参道本店の2階には洗面台があり、製品の使用感を試すことができる。

Map P.118-A1 表参道

🏠 渋谷区神宮前6-3-9 ☎03-6450-6277
🕙 10:30～21:00 🚫無休 🚇地下鉄明治神宮前（原宿）駅4番出口から徒歩1分
📷 @innisfreejapan

1 ツボクサエキス配合のビジャシカバームEX 2970円 2 皮脂コントロール、角質オフ、毛穴をディープクレンジングするスーパーヴォルカニック ポア クレイマスク 2X 1760円 3 発酵茶由来成分[*1]配合の濃密美容セラム。ブラックティー ユース セラム 3850円 4 上品に香るパフュームド ボディ＆ヘアミスト1100円 5 1本（80ml）に緑茶乳酸菌[*2]約55億個含有で肌のバリア機能と保水力をサポート。グリーンティーシード セラム N 3190円 6 ルートベジタブル マスク（全8種）各198円 *1 発酵茶由来成分＋チャ葉エキス（保湿成分） *2 緑茶乳酸菌＝乳酸桿菌培養溶解質（肌保護成分）

80　クリオが大好き！話題になった単色G10からハマってパレットも2個持っています。（ちー）

@新宿　@新大久保

コスメセレクトショップ
CREE'MARE クリマレ

ライフスタイル通販サイトDHOLICの韓国コスメセレクトショップ。話題のコスメから、まだ日本で知られていない新進ブランドまで幅広く取り扱っている。また、高コスパのオリジナルコスメブランドVAVI MELLO（バビメロ @vavimello_official）、MILCOTT（ミルコット @milcott.official）も展開。

Map P.117-B1 新宿
新宿区新宿3-38-1 ルミネエスト新宿3F
03-6457-7085　11:00～21:30、土・日・祝10:30～　無休　JR新宿駅直結
@creemare_official

DHOLIC → P.66

1. 0.2mmの薄いセルシートを使用したフレッシュソリューションマスクパック 30枚入り各2200円　2. エステ帰りのような肌をつくるピュアクリーンクレンジングバーム2000円　3. トゥインクルグリッター1400円　4. ベルベットタイプとオイルタイプが選べるハートウィンドウリップティント1540円　5. マット、シマー、グリッターすべてが揃ったアイシャドウパレット2750円　6,7,8. 壁一面にクッションファンデとシートマスクが並ぶ

コスメクルーズ

るだけで楽しくなるップが点在。セラーをチェックしながら、巡っちゃう？

lattencos ラテアンドコス

センス抜群の品揃えが話題

新大久保に多数点在するコスメ店のなかでも、SNSを中心に人気急上昇。規模は小さいながらも、インスタで発信されるコスメアイテムのセレクトはセンス抜群。新大久保で外せないスポット間違いなし！

DATA → P.20

1. CNP Laboratory（チャアンドパク）のブースターピーリング3410円　2. カフェスペースの奥にコスメが並ぶ。コスメ2000円以上購入でドリンクが無料になる　3. VT（P.76）のシカデイリースージングマスク30枚入り2790円　4. 魔女工場（マジョコウジョウ）のソーダの香りがする炭酸洗顔料。クレンジングソーダフォーム2200円

日本最大級韓国コスメデパート
SKINGARDEN スキンガーデン

韓国コスメショップが集中する新大久保で最大面積を誇る。ハイブランドからプチプラまで幅広い品揃えで、各コーナーには商品知識豊富な専門スタッフも。独占入荷や日本初入荷も多いので、コスメのプロも定期的に通っている。

Map P.117-A1 新大久保
新宿区百人町2-1-2 K-PLAZA2F
03-5291-1808　10:00～22:30　無休　JR新大久保駅徒歩2分　@skingarden.jp

1. イエベもブルベも1年中使える2aN（トゥーエイヌ）のアイシャドウパレット4500円　2. ウユ（牛乳）クリームで知られるG9SKIN（ジーナインスキン）のミルクバブルエッセンスパック2個セット3300円　3. 穀物から作ったAmill（エイミル）のフォームクレンジング660円（左）とバブルフォーム990円　4. 店内ディスプレイをチェックすれば最旬コスメがわかる　5. ウユウユクリームに肌トーンを明るくするレモンイエローが仲間入り。ホワイトホイッピングクリーム1650円

Best Selection
トップランナーが大集合！
PLAZAセレクトの韓国コスメ

ライフスタイルストアのPLAZAでも韓国コスメを扱っている。その品揃えは、目利きバイヤーが厳選した商品ばかりで、韓国コスメ初心者にもうれしいラインナップ。バズっているアイテムをゲットするなら、PLAZAへGO！

SHIBUYA109、ルミネエスト新宿、ルミネ新宿などでハンティング！

1. 付属の美容液を肌になじませ、上下2枚のマスクを肌に密着させるDr.Jart+（P.76）のラバーマスク 各1320円　2. rom&nd（P.79）から初のハイライター登場。韓服をデザインした韓服エディションのパケがキュート！ヴェールライター 各1430円

ETUDE HOUSEとinnisfreeは、SHIBUYA109（P.101）、ルミネエスト新宿（P.104）内にもショップがある。

81

メイク好きが注目！ Check!
最旬☆韓国コスメトレンド

世界の美容界をリードし、機能もバリエもパケも進化が止まらない韓国コスメ。美意識の高い韓国ガール＆ボーイも注目しているトレンド情報をチェック！

トレンドワード
ヴィーガン コスメに注目！

ヴィーガンコスメとは、動物実験をせず、動物性成分を使用しないコスメのこと。グローバル市場で注目されるトレンドが韓国にも上陸し、コスメ業界に浸透。人体に使えるかの判断、認証取得までに時間と手間をかけているため信頼性がとても高い。P.76～79で紹介したヴィーガンブランドのBEIGIC、UNLEASHIA、Klairsなどは日本でも購入できる。

スキンケアブランド魔女工場（マジョコウジョウ @manyofactory_japan）も100％ヴィーガンのドクダミ＆シカラインを発売。アワーヴィーガンドクダミ98セラム2080円／日本公式オンラインショップ

BEIGIC（P.76）のコレクティングエクスフォリエーター4840円／日本公式オンラインショップ

KUMO（クモ @kumo_official @beautitopping_jp）のメイクブラシもヴィーガン。シャネルと同じ製造元で作られていることでも話題。フィンガーチップブラシ2790円／日本公式オンラインショップ

UNLEASHIA（P.78）のグリッテリーウェーブリップバーム各1628円／PLAZA P.81、ゲットルースグリッタージェル1540円／SKINGARDEN P.81

動物に優しいな〜

LANEIGE（P.76）ネオクッションマットとPurplish（P.77）クラウドトーンオンブースターもブルーライトをカットしてくれる

EQQUALBERRY（イクォルベリー @eqqualberry）の紫外線、大気汚染物質、ブルーライト3カットのテグシティサンクリーム2801円／CREEMARE P.81

自己表現はより自由に
ジェンダーレス コスメがステキすぎる

K-POPボーイズの美しいメイクに憧れたaruco読者も多いはず。LAKA（ラカ @laka.official）は、2018年にスタートした韓国発のジェンダーニュートラルメイクアップブランドで、2019年12月から日本での販売もスタート。無駄のないデザイン、男女関係なくマッチするニュートラルなカラーがたちまち人気に。

憧れのメイクにジェンダーは不問。ジャストアイパレット2860円／PLAZA P.81

スムースマットリップスティック各1980円／PLAZA P.81

ジャストチーク各1980円／PLAZA P.81

リモート時代に選ぶべきメイクは
ブルーライトカット

PCやスマホから発せられるブルーライトが肌老化を加速させる!? アモーレパシフィックも臨床評価方法の論文を発表。コスメは紫外線（UV）カットだけでなく、色素沈着の原因となるブルーライトカットが新基準になりつつある。

10秒でサラサラ髪になれる人気No.1のウォータートリートメント2508円、8種類の植物性オイル配合のヘアエッセンスディライトフルオイル1738円／PLAZA P.81

カラーリングも怖くない！
韓国発最強ヘアケアブランド

受賞歴多数、ドバイの最高級ホテルのサロンで使われるなど実力派のヘアケアブランドmoremo（モレモ @moremo.jp）。韓国ビューティはスキンケアやメイクだけでなくヘアケアでも一大ブームを起こしそう。

TREASUREファンで魔女工場を愛用しています。イオンで購入してサイン入りフォトカードもらいました。（神奈川県・ダナ）

aruco調査隊が行く!! ③

飲むだけでキレイになれる！
自分にぴったりな韓方茶を徹底サーチ

韓方とは東洋医学で、韓方茶は薬食同源に基づく食治のひとつ。
日常の飲み物として取り入れるだけで、体質改善ができる夢のようなお茶なのだ。
さっそく調査すべく、日本で唯一の専門カフェへgo！

最旬☆韓国コスメトレンド／韓方茶を徹底サーチ

01 まずは体質チェックから！

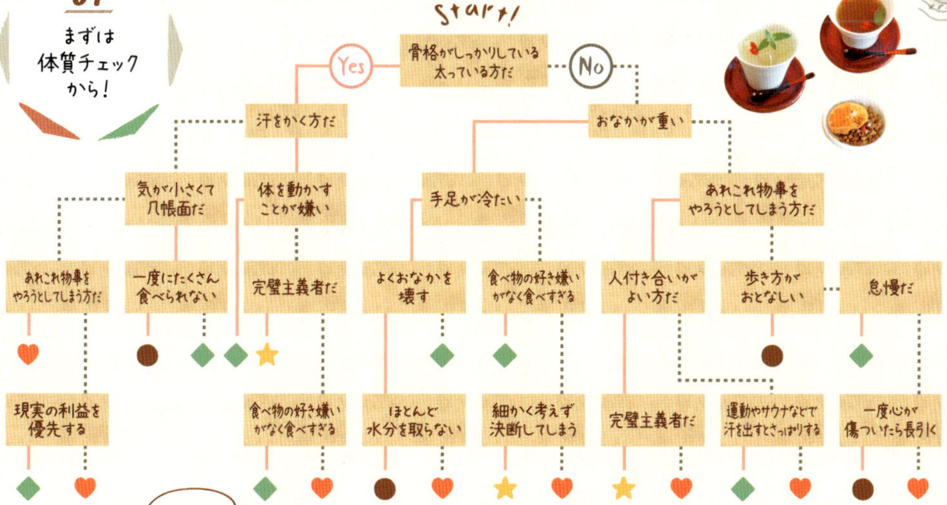

Start!

骨格がしっかりしている 太っている方だ
- Yes → 汗をかく方だ
- No → おなかが重い

汗をかく方だ
- 気が小さくて几帳面だ
- 体を動かすことが嫌い

おなかが重い
- 手足が冷たい
- あれこれ物事をやろうとしてしまう方だ

- あれこれ物事をやろうとしてしまう方だ
- 一度にたくさん食べられない
- 完璧主義者だ
- よくおなかを壊す
- 食べ物の好き嫌いがなく食べすぎる
- 人付き合いがよい方だ
- 歩き方がおとなしい
- 急慢だ

↓

- 現実の利益を優先する
- 食べ物の好き嫌いがなく食べすぎる
- ほとんど水分を取らない
- 細かく考えず決断してしまう
- 完璧主義者だ
- 運動やサウナなどで汗を出すとさっぱりする
- 一度心が傷ついたら長引く

02 ★♥◆■の色に合わせてカウンセリング

体の内側から美しく

稲見さんのカウンセリング付き韓方茶は10杯分3500円～

お茶と足湯でリラックス
ティーセラピー東京店 絵舞遊
ティーセラピートウキョウテン エマイユウ

本店はソウルにあり、店長の稲見さんはその道の第一人者に本場で学んだセラピスト。韓方茶はオンラインでも購入できるけれど、カフェに足を運べば、話を聞きながら一人ひとりに適したブレンドをしてもらえる。足湯とギャラリーも併設。

Map P.114-C1 町田
町田市小川2-3-5 042-796-9155 12:00～18:00
日・月 JR成瀬駅南口から徒歩15分、またはバス3分
URL teatherapy-emaiyu.com

03 13種の定番から、またはアナタだけのお茶を調合！

ワタシは減肥茶！

人気のオリジナル韓方茶4種

《 ★ ビタ茶 》
アンチエイジングなど（レモンの20倍のビタミンC）

《 ♥ 香通茶 》
頭痛、肩こり、ストレス、風邪予防など

《 温経茶 》
免疫力UP、血液循環、冷え性、生理痛など

《 ◆ 減肥茶 》
デトックス、むくみ、ダイエットなど

稲見さんが学んだイ・サンジェ先生は、韓方医でもあり韓国ティーセラピーの創業者。ソウルに行った際はぜひ！

83

韓国美人を見習って自分磨き

美容大国の知恵と技術を日本で体験

美容意識の高い韓国から、さまざまなビューティコンテンツが日本に上陸。日本で体験できるK-Beautyをご紹介。

韓国式女性専用チムジルバン
ルビーパレス

チムジルバンとは50〜90℃ほどの低温サウナを備えた韓国版健康ランド。デトックス効果に優れ、韓国では若い人も通う美容スポット。

Map P.117-A2 新大久保

📍新宿区大久保1-12-2 ☎03-5272-0080 ⏰8:00〜翌6:00、月〜翌6:30、火9:30〜翌6:30 無休 入館料4時間1980円（早朝料金、深夜追加料金あり）JR新大久保駅から徒歩9分

1. アカスリ40分4400円などのオプションもある　2. 海底800mから採石した麦飯石サウナ（別途220円）　3. 皮膚の血液循環を助け新陳代謝を活発にさせる遠赤サウナ

最旬韓国デザインネイル
BN NAIL
ビーエヌネイル

韓国ネイルのトレンドデザインをいち早く取り入れているネイルサロン。スタッフは全員経験豊富な韓国人。

Map P.117-A1 新大久保

📍新宿区百人町2-2-3 TRN新大久保ビル8F ☎03-6273-8737 ⏰11:00〜21:00 無休 ワンカラー4600円ほか JR新大久保駅から徒歩1分 @bnnail.jp

1. パーツつけ放題1万2000円でゴージャスネイルもOK　2. 夏のフットネイルもおすすめ！　3. 韓国に美容トリップした気分になれる

1. ジョン・ジェヨン医師（左）と代官山院長の池大官医師　2,3. 鼻のほか、目元、輪郭、スレッドリフト・HIFU、注入施術を行う

コルギで小顔＆美肌になる
BN Esthetic & Spa
ビーエヌエステティック&スパ

韓国式施術のエステサロン。フェイシャルもボディもメニュー豊富で美肌とサイズダウンが期待できる。

Map P.117-A1 新大久保

📍新宿区百人町2-2-3 TRN新大久保ビル6・7F ☎03-6233-9260 ⏰10:00〜21:00（最終受付19:00） 無休 3Dフェイシャルコルギ40分5500円ほか JR新大久保駅から徒歩1分 @bnestheticspa

アロマオイル入り

1. ペアルームもあり、友達同士やカップルでも施術OK　2. 施術前にフットバスでリラックス　3. ヨモギ蒸し4000円で美活　4. 骨や筋肉を刺激して骨格を整えるコルギ（骨気）。リンパや血液の流れを促進し老廃物を排出。小顔と美肌が手に入る

世界トップレベルの鼻形成術
ザ・プラス美容外科
ザプラスビヨウゲカ

韓国ソウルにある美容外科が日本上陸。韓国本院の院長、ジョン・ジェヨン医師は鼻整形の権威として知られている。

Map P.118-C1 代官山

📍渋谷区猿楽町28-13 ROOB1代官山3F ⏰10:00〜19:00 木・金 東急東横線代官山駅中央口から徒歩2分 @theplus_tokyo 問い合わせLINE @theplustokyo

ヲタクって かっこいい

韓国エンタメはもう空気！ないと生きていけないいま最大のお楽しみ

映画はアカデミー賞、音楽はグラミー賞ノミネート。ここ数年で韓国のエンタメは、アジアを飛び越し世界が注目するコンテンツへと大躍進。そうそう、そうなんだから、ハマっても沼ってもそれが普通。以前からのヲタクは流行を先取りしてきた高感度人間。共感と新発見を探して、ページをめくって！

もうブームではなく日常！
何度も観たくなる
ドラマ・映画・マンガ

いまや生活にすっかり溶け込んでいる韓国ドラマに映画にマンガ（電子コミック）。ルーティンの人はもう一度、初心者にはまずこれから、の作品を駐日韓国文化院のスタッフと編集部がセレクト！

韓国文化院のスタッフにとって、ドラマ・映画・マンガに親しむことはまさにルーティンワーク。あれやこれやと悩みつつ、みんなで選びました。どれも興味深い作品ばかりですよ

駐日韓国文化院 → P.105

韓国ドラマ 드라마

DRAMA

予測不能なストーリー展開に寝不足必至

2021年上半期最も話題の2大傑作！

『ヴィンチェンツォ』 2021

「スタッフのほとんどが観たというドラマ。ソン・ジュンギの魅力全開で、内容も秀逸。1話観たら最後まで観続けるしかありません」

STORY イタリアマフィアの顧問弁護士（ソン・ジュンギ）が韓国の巨悪と戦う痛快ヒューマンドラマ

イタリア語の決めセリフも必聴
Addio

韓国系イタリア人役のソン・ジュンギに加え、チョン・ヨビン、2PMテギョンも弁護士役で出演

Netflix

『愛の不時着』 2019

「韓国と北朝鮮のロミジュリ的要素のあるラブロマンスで、ふたりがリアルカップルになったことを踏まえて観ると、さらにキュンとします」

リ・ジョンヒョク役のヒョンビンとユン・セリ役のソン・イェジン

Netflix

STORY 韓国の財閥令嬢（ソン・イェジン）がパラグライダーで北朝鮮に不時着し、堅物将校（ヒョンビン）と暮らすことに……

『ナビレラ-それでも蝶は舞う-』 2021

"情熱は若者の特権ではない！"と70歳でバレエに挑戦する老人と若きバレエダンサーの心温まるストーリー。毎回涙が止まりません」「原作マンガとのシンクロ率も話題に。違和感ゼロ！」

世代を超えた絆に静かな感動
Chemistry

バレリーノを見事に演じた人気急上昇中のソン・ガンと、泣かせる名優パク・インナン

STORY 70歳で憧れていたバレエに挑む老人と夢半ばでくすぶっている青年（ソン・ガン）の絆を描く成長物語

86　『ヴィンチェンツォ』はソウルで撮影していたようで、ロケ地が気になりました。（韓国県・あやこ）

観てないなんてありえない！韓国ドラマの新代名詞

『梨泰院クラス』 2020

「毎回どんでん返しの連続で、目が離せない。復讐劇の裏で展開される三角関係にも注目です。編集部は圧倒的にイソ派」

STORY 理不尽な目に遭いながらも信念を貫くセロイの15年にわたる復讐サクセスストーリー

前髪パッツンのパク・ソジュンとツートーンカラーのタンバルモリを流行らせたチョ・イソ役のキム・ダミ

セロイは初恋相手のスアを選ぶのか、ずっとそばでアタックし続けたイソを選ぶのか……

Netflix

『サイコだけど大丈夫』 2020

STORY サイコパスな童話作家と精神病棟で働くガンテ（キム・スヒョン）の異色のラブストーリー

「脚本家の実体験から生まれたストーリーと知ってびっくり。ムニョン（ソ・イェジ）の美しさとセリフが印象的」

独特の世界観で繰り出されるセリフは、鮮烈なものばかり。オリジナルの絵本も発行された（P.73）

『キム秘書はいったい、なぜ？』 2019

『梨泰院クラス』とは真逆の役を演じたパク・ソジュンと変顔もしとわずこなしたパク・ミニョン

STORY マンガから飛び出したツンデレ御曹司（パク・ソジュン）と敏腕秘書（パク・ミニョン）のラブコメディ

コンプリート・シンプルDVD-BOX全2巻各5500円／BD-BOX全2巻各6600円 発売・販売元：NBCユニバーサル・エンターテイメント

Netflix

「ナルシストから全女性の憧れ的シチュエーションを次々にかなえてくれる男性へと変貌する姿に沼落ち確定」

©STUDIO DRAGON CORPORATION

目の保養♡イケメンだらけの時代劇

『花郎〈ファラン〉』 2016

「めくってもめくってもイケメンしか出てこないハラパラマンガのようなパラダイスドラマ。まだあどけないBTS Vも必見」

コンプリート・シンプルDVD-BOX全2巻各5500円／BD-BOX全2巻各6600円 発売・販売元：NBCユニバーサル・エンターテイメント

Licensed by KBS Media Ltd. 2016 HWARANG SPC. All rights reserved

SHINeeミンホや『サイコだけど大丈夫』のソ・イェジも出演

コンパクトBlu-ray BOX1&2 各6600円 発売・販売元：ポニーキャニオン

STORY パク・ソジュンからBTS Vまで、今をときめく俳優やK-POPアイドルが多数出演する青春群像劇

『麗〈レイ〉〜花萌ゆる8人の皇子たち〜』 2016

「クールビューティなイ・ジュンギをはじめ、8人のイケメンプリンスが登場しそれだけでも十分。そのぶん後半はちょっとツライ」

身長差にドキドキした視聴者も多いはず。内ech サムノムから少女ラオンに戻ったキム・ユジョンが超絶キュート

STORY 化粧品会社の社員だったコ・ハジン(IU)が高麗時代にヘ・スとして過ごすことに。EXOベッキョンも共演

©2016 Universal Studios, Barunson E&A Corp., and YG Entertainment Inc.

『雲が描いた月明り』 2016

「パク・ボゴム以外にも元B1A4のジニョンやクァク・ドンヨンなどのイケメンが揃いとも刀さばきが美しすぎ」

Licensed by KBS Media Ltd. ©Love in Moonlight SPC. All rights reserved

STORY 男装の内官（キム・ユジョン）と一国の世子（パク・ボゴム）のシンデレラブストーリー

コンプリート・シンプルDVD-BOX全2巻各5500円／BD-BOX全2巻各6600円 発売・販売元：NBCユニバーサル・エンターテイメント

何度も観たくなるドラマ・映画・マンガ

『梨泰院クラス』関連はP.64でファッション、P.108でロケ地を紹介。一緒に楽しんで！

韓国ドラマ 드라마 DRAMA

韓国文化院スタッフと編集部激推し4選

配信：ユ·チョンリョン／©STUDIO DRAGON CORPORATION

トッケビに刺さった剣を抜けるのはウンタク（キム·コウン）のみ

STORY トッケビ（コン·ユ）が自身にかけられた呪いを解くために花嫁（キム·ゴウン）を探すファンタジーラブロマンス

喜劇のようなコメディのような、シーンごとに変わるふたりの演技に引き込まれずにはいられない

『トッケビ 〜君がくれた愛しい日々〜』 2016

「ロマンスドラマの決定版。コン·ユ4年ぶりの復帰作で、魅力を再発見できる作品」
「死神（イ·ドンウク）もかわいくて、切ない」

DVD BOX1·2各1万7600円／Blu-ray BOX1·2各1万9800円
発売元：コンテンツセブン
販売元：NBCユニバーサル·エンターテイメント

Netflix

『Sweet Home〜俺と世界の絶望〜』 2020

「グロテスクで血がこれでもかというほど噴き出すけれど、人間ドラマもしっかりあり、全10話を一気見してしまいました」

STORY 怪物化した人間と集団住宅「グリーンホーム」で暮らす人々との戦いを描いたホラードラマ。主人公はソン·ガン

自殺願望のあったチャ·ヒョンス（ソン·ガン）が生死をかけて怪物と戦うことに！

©Jcontentree corp & JTBC Content Hub Co.,Ltd. All rights reserved.

『シグナル』 2016

「ストーリーがおもしろく、犯人を捕まえるために現在と過去の刑事が協力するシーンは、まさに手に汗を握るといった感覚」

交信していた過去の刑事は、チーム長（キム·ヘス）がずっと探していた先輩刑事だった

STORY 日本でも坂口健太郎主演でリメイク。無線機でつながる現在と過去、プロファイラー（イ·ジェフン）と刑事（チョ·ジヌン）が未解決事件を追うヒューマンドラマ

＜シンプルBOX 5000円シリーズ＞
DVD-BOX1&2各5500円
提供：電通
発売·販売元：エスピーオー

©2016 Studio Dragon & ASTORY

『SKYキャッスル 〜上流階級の妻たち〜』 2018

「入試コーディネーターの存在と翻弄されるSKYキャッスルの住人がすべてインパクト大。現実にある世界なのか思わず検索」

STORY 上位0.1％の富裕層が暮らす高級住宅街で繰り広げられる受験戦争＆住人のマウンティングストーリー

DVD-BOX 1·2·3 各1万5400円
発売元：アクロス／クロックワークス／TCエンタテインメント／ひかりTV／GYAO
販売元：TCエンタテインメント

幸せそうに見えたセレブ妻の自殺から始まる　実はコワイ話

SHINeeキー、テミン、BTS RM、NCTドヨンなども『SKYキャッスル』にハマったそう！（三重県·雑食）

あの、スター俳優の出世作をもう一度！

ヒョンビン
『シークレット・ガーデン』 2011

©SBS

「ジュウォン（ヒョンビン）が着ているスパンコールのジャージが当時話題になり、類似品がバカ売れ。とぼけた演技も最高」

STORY 高級デパートCEOのイケメン御曹司（ヒョンビン）と下積みスタントウーマン（ハ・ジウォン）の魂が入れ替わってしまうラブコメディ

コンパクトセレクション シークレット・ガーデンDVDBOX1、2 各5500円
発行・販売元：NHKエンタープライズ

いまだ人気が衰えず2021年、当時のキャストが集まりスペシャル番組を放送

STORY 祖母の命令でコーヒー店の再建を任された御曹司（コン・ユ）が店員にイケメンを雇うはずが、家計に困った女の子が紛れ込んでしまうこちらもラブコメディ

©All Rights Reserved by MBC 2007

コン・ユ
『コーヒープリンス1号店』 2007

「男性を好きになり（本当は女の子）葛藤するコン・ユの演技にキュンキュンしました。手脚の長さは当時からおばけ」

『コーヒープリンス1号店』スペシャルプライスDVD-BOX 5500円
発売元・販売元：アミューズソフト

©HB ENTERTAINMENT

「猟奇的な彼女」を彷彿させるわがままだけどどこか憎めないチョン・ジヒョン演じるソンイが愛おしい

キム・スヒョン
『星から来たあなた』 2013

STORY 地球で暮らす宇宙人（キム・スヒョン）がわがままなトップ女優（チョン・ジヒョン）と恋に落ちるコミカルで切ないラブコメディ

コンプリート・シンプルDVD-BOX 5500円／BD-BOX全2巻 各6600円
発売・販売元:NBCユニバーサル・エンターテイメント

シジンのストレートな愛情表現はアジア中の女性を虜に

ソン・ジュンギ
太陽の末裔 Love Under The Sun 2016

「ソン・ジュンギは『トキメキ☆成均館スキャンダル』でも注目され、実際に成均館大学校出身ということで頭のよさでも話題に。軍服がかっこよすぎます。ベレー帽とサングラス姿も絶妙」

Licensed by Next Entertainment World ©2016 Descendants of the Sun SPC

STORY 軍人のシジン（ソン・ジュンギ）が医師モヨン（ソン・ヘギョ）にひとめ惚れしたところから始まる最高視聴率41.6%の大ヒットドラマ

コンプリート・シンプルDVD-BOX全2巻 各5500円／BD-BOX全2巻 各6600円
発売・販売元：NBCユニバーサル・エンターテイメント

OSTって？

オリジナルサウンドトラックの略で、日本ではサントラと略されている挿入歌のこと。人気ドラマには必ずといっていいほどヒット曲があり、意外なアーティストが参加していることも。ドラマとあわせてOSTもチェックしてみて。

MAMAMOOソラは『ヴィンチェンツォ』のOSTに参加

SHINeeテミンは『ナビレラーそれでも蝶は舞う一』のエンディング曲を

BTS V本人が参加を希望し実現した『梨泰院クラス』のOST

何度も観たくなるドラマ・映画・マンガ

OSTのCDや配信は複数出ることがほとんどで、数回に分けて発表される。

MOVIE

韓国映画 영화

どんなジャンルでも忖度なしの徹底ぶり

『タクシー運転手 ～約束は海を越えて～』 2017

「韓国の民主化運動を基にしたエピソードで、現代史の痛みがわかる内容。名優ソン・ガンホ演じるタクシー運転手の心の変化に注目。有名になった若手俳優を観るのも楽しい」

STORY 1980年5月の光州事件を報道するために現場へと向かうドイツ人記者と、乗車させた実在するタクシー運転手を描いたヒューマンストーリー

最初は高額のタクシー代を期待して車を走らせたけれど、現実に直面し記者に協力

©2017 SHOWBOX AND THE LAMP. ALL RIGHTS RESERVED.
Blu-ray5280円／DVD4180円　発売元:クロックワークス
販売元:TCエンタテインメント　提供:クロックワークス
博報堂DYミュージック&ピクチャーズ

冥界の使者が迎えにきたら戦いの始まり 49日までに通過しなければならない

©2019 LOTTE ENTERTAINMENT & DEXTER STUDIOS All Rights Reserved.

『神と共に 第一章:罪と罰』 2017

STORY 殉職した消防士(チャ・テヒョン)が冥界の使者(ハ・ジョンウ、チュ・ジフン、キム・ヒャンギ)とともに7つの地獄で裁判を受け、新たな人生を目指すファンタジーアクション

「原作マンガとあわせて観たい作品。親不孝や罪についていろいろと考えさせられる。続編の第二章も期待を裏切りません」

神と共に 第一章&第二章
DVDツインパック（2枚組）8140円
ブルーレイツインパック（2枚組）8140円
発売・販売元:ツイン

『パラサイト 半地下の家族』 2019

「コメディ、サスペンス、アクションと映画の要素がすべて詰まった最高傑作。ソン・ガンホをはじめ、キャスト全員が際立ち、細部にまでこだわった映像も圧巻」

STORY アジア映画初のアカデミー賞作品賞を獲得。半地下住宅で生活する貧しい一家が高台の豪邸にひとり、またひとりとパラサイトしていき、想像を超えた結末を迎える

DVD5280円
Blu-ray8580円
発売・販売元:バップ
©2019 CJ ENM CORPORATION, BARUNSON E&A ALL RIGHTS RESERVED

©2012 LOTTE ENTERTAINMENT All Rights Reserved

スンミン(イ・ジフン)がソヨン(スジ)に素直に思いを告げていたら未来は変わっていたかも。大人になったスンミンはオム・テウング、ソヨンはハン・ガインが演じた

『建築学概論』 2012

STORY 大学時代の初恋から15年後のストーリー。過去と現在を行き来しつつ、誤解により結ばれなかったことを知り、何とも言えない感情になる恋愛映画の名作

「初恋の切ないすれ違いがとても心に残る映画。過去の設定が1995年頃の、当時大学に通っていたスタッフには言葉やファッション、音楽などが懐かしく感じられたよう。音楽がすばらしい」

スペシャルプライス版Blu-ray3080円
発売元:ショウゲート／アットエンタテインメント　販売元:東宝

『新感染 ファイナル・エクスプレス』 2016

「初めて観た韓国のゾンビ映画が手加減なしで驚愕。当時ゾンビ映画は成功しないと言われ、ゾンビという単語はNGだったとか」

STORY ソウル発釜山行きの高速鉄道で起こった感染爆発。密室と化したパニック状態の車内で父(コン・ユ)と娘は妻の元へたどり着けるのか。絶体絶命のサバイバルアクション

©2016 NEXT ENTERTAINMENT WORLD & REDPETER FILM. All Rights Reserved.

コン・ユもさることながら影の主役と絶賛されたマ・ドンソクもお忘れなく

ブルーレイ・プレミアム・エディション（2枚組）
【3000セット限定生産】
[Blu-ray]7150円 [DVD]5170円
[Blu-ray]5170円 発売・販売元:ツイン

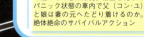
『パラサイト 半地下の家族』にはパク・ソジュンが出ていて、彼が事の発端に！（山口県・まりこ）

90

マンガ／ウェブトゥーン 웹툰

WEBTOON

若き才能が列をなす期待しかない世界

ウェブトゥーンとはWebとCartoonを合わせた造語。スマホで読むことを想定しオールカラー、縦スクロールが特徴の韓国発のデジタルコミックのこと。日本ではLINEマンガやピッコマなどで楽しめる

『恋するアプリ』 2017

「ドラマ化されたけれど、マンガを読むとより恋をしたくなります。ハイテクな時代になっても胸のときめきは同じ。ピュアな恋を思い出したいときにぜひ」

©KYE YOUNG CHON

STORY ラブアラームというアプリが登場し、お互いの気持ちを行動ではなくアプリで確認し合うようになり、ジョジョの日常が変化。もし彼のアプリが反応しなかったら……

URL manga.line.me/product/periodic?id=Z0000874

『ミセン-未生-』 2012

「ドラマが有名だけれど、原作マンガも味があっておすすめ。おしゃれな絵ではないもののリアリティがあり、社会の大変さを痛感」

©ユン・テホ/ SUPERCOMIX STUDIO Corp.

STORY プロ棋士になれずコネで大手総合商社にインターンとして入ったチャン・グレが、格差や嫌がらせなどに苦悩しながら徐々に信頼を得ていく成長サクセスストーリー

URL piccoma.com/web/product/321

『神之塔』 2010

「長い連載のなかで、夜の成長に目が離せないファンタジー要素の強い冒険ストーリー。日本ではアニメ化され主題歌をStray Kidsが担当しています」

©SIU/LINE Digital Frontier

STORY 少女ラヘルを追いかけ、塔に飛び込んだ少年、夜。次々と降りかかる試練や塔を目指し集まった猛者の間で、夜は自分自身の真の姿を知ることに

URL manga.line.me/product/periodic?id=Z0000197

『神と一緒に』 2010

「男性スタッフに人気で、コミックを持っているスタッフもいるほど。本当に心にしみる内容で、マンガを読むと"いい人になろう"と自然に思えます」

©JOO Homin/LINE Digital Frontier

STORY 映画『神と共に』の原作マンガ。平凡なサラリーマンが28歳の若さで他界。自分の死を理解できないまま死神に出会い、冥界の裁判に立ち向かっていく

URL manga.line.me/product/periodic?id=Z0000258

『俺だけレベルアップな件』 2018

「男性スタッフのイチオシ。日本版は舞台設定を韓国から日本へ。登場人物名も変更されましたが、おもしろさは変更なし」

©DUBU(REDICE STUDIO),Chugong, h-goon 2018/D&C WEBTOON Biz

STORY 人類最弱兵器と呼ばれるE級ハンターの「俺」が、あるシステムにより特別な能力を授かり、ひとりだけどんどんレベルアップしていくファンタジーアクション

URL piccoma.com/web/product/5523

©STUDIO DRAGON CORPORATION

ジュギョン(谷川麗奈)はムンガヨン、ソジュン(五十嵐悠)はファン・イニョプがキャスティング

LINEマンガで30ヵ月以上連続1位の『女神降臨』はドラマも必見!

マンガもおもしろいけれど、スホ(マンガでは神田俊)をASTROチャヌが演じるなら、絶対に観なければ! 初回放送を見逃した人はアンコール放送で。

Mnet 『女神降臨(原題)』
URL mnetjp.com/sp/2021/04/truebeauty

©yaongyi/LINE Digital Frontier

何度も観たくなるドラマ・映画・マンガ

人気のウェブトゥーンはほとんどが実写化され、登場人物のシンクロ率も高いので、見比べてみて。

MIDZY サランへ～
ITZY

素顔も続出？
アイドルはバラエティでも大活躍！

ドラマや歌番組同様、CS放送や動画配信サービスで観られるバラエティ番組。ここでは韓国専用チャンネルの人気番組をピックアップ。

KBS World

韓国KBSの日本向けチャンネル。歌番組『ミュージックバンク』は韓国放送の翌日に放送。ドラマやニュースなども観られる。
URL www.kbsworld.ne.jp

BTSの秘蔵映像がいっぱい！

Let's BTS～2021
スペシャルライブ&トークショー
2021年7月25日13:35～他、完全版を放送。
ARMYでなくても永久保存決定！
©KBS

aespa

SUPER JUNIOR
SF9、AB6IX
出演

作って！食べて！モッパン特集

ある月はグルメ特集など、テーマを絞った放送が好評。再放送でも楽しめる

国民的MC
ユ・ジェソクとチョ・セホが豪華ゲストを迎えてのトークショー

第100話には IU出演

Mnet

CJ ENMが運営する韓国ケーブルテレビ。『M COUNTDOWN』をはじめ音楽番組が多く、K-CultureフェスKCON (P.94) も主催。
URL mnetjp.com

ユ・クイズ ON THE BLOCK
©CJ ENM Co.,Ltd. All Rights Reserved.

日本にいながら推しに1位を～

I DON'T WANNA DA
TOMORROW × TOGETHER

KNTV

日本初放送の各局高視聴率番組がめじろ押しの韓流No.1チャンネル。
URL kntv.jp

人気俳優イ・スンギが人生の師匠に弟子入りするリアルバラエティ

ASTRO
チャウヌ出演回も

イ・スンギのチブサブイルチェ～師匠に弟子入り
©SBS

東方神起、SHINee、EXO 出演

シングル男のハッピーライフ
©MBC

ゲストの自宅を公開しプライベートに密着。出演希望の芸能人が多数！

ENHYPEN

ほかの歌番組も！

火曜 18:00 SBS MTV『THE SHOW』
URL www.sbs.co.kr
▶ The K-POPチャンネルでリアタイ可能
CS放送：TBSチャンネル1でも視聴可能
🏆 1位にする方法
②③④でSTARPASSアプリから投票

水曜 17:00 MBCミュージック『SHOW CHAMPION』
URL www.imbc.com
▶ ALL THE K-POPチャンネル
CS放送：MUSIC ON! TVでも視聴可能
🏆 1位にする方法
②③④でIDOLCHAMPアプリから投票

金曜 17:00 KBS『ミュージックバンク』
URL www.kbs.co.kr 会員登録なしでリアタイ可能
▶ KBS Kpop、KBS World TV
BS放送：BS12トゥエルビ
CS放送：KBS World、MUSIC ON! TVでも視聴可能
＊チャートなし

土曜 15:15 MBC『ショー！K-POPの中心』
URL www.imbc.com
▶ MBCkpop
CS放送：KNTVでも視聴可能
🏆 1位にする方法
②③④でMubeatアプリから投票。ラジオへのリクエスト、リアルタイム投票も日本から可

日曜 15:50 SBS『人気歌謡』
URL www.sbs.co.kr 会員登録後リアタイ可能
▶ SBS KPOP、SBS NOW
CS放送：女性チャンネル♪
LaLaTVでも視聴可能
🏆 1位にする方法
②③④でSTARPASSアプリから投票

知っておきたいヲタク用語

カムバ
新曲を発表しカムバックすること。初披露はカムバックステージ

チッケム
グループのメンバー一人ひとりにフォーカスしたカメラ(動画)のこと

韓国の見えるラジオはここで！

韓国のラジオは公開放送はもちろん、スタジオの様子を生配信する番組が多く、リアルタイムでアイドルの姿を拝むことができる。アプリをダウンロードしてチェック！

KBSコング
SBSゴリラ

MBC RADIO
MBCミニ

＊チャートの構成内容、割合は番組により異なる。番組情報は変更になる場合があるので、事前にウェブなどで確認を。

歌番組終了後は公式YouTubeなどでチッケム観賞を忘れずに。フェイスカムにも感動！

93

いつでも神席！おうちがライブ会場！

会場へ行けたら生で観賞できるけれど、お預け状態の今はオンラインでその興奮を疑似体験。

愛してまーす

OH MY GIRL

STEP OUT! こんにちは〜

Stray Kids

Concert

リモートでの視聴者参加型ライブも！
オンラインの楽しみ
自由自在に大熱狂

FES!

オンラインコンサートは日本でも見られる場合がほとんどで、リモートで声援が送れたり、グッズ販売、ヨントン（P.96）などの特典付きまで！ここでは世界最大のK-Cultureオンラインフェス KCON:TACTを再演！

KANG DANIEL

SUNMI

© CJ ENM Co., Ltd, All Rights Reserved.

豪華なラインアップ！クラクラする〜

ENHYPEN

心にしみる曲の連続！

Musical

日本愛のあの純愛映画から『ベルばら』まで
華麗すぎる
韓国ミュージカルの世界

高校生に見えるよね？

公式グッズもかわいい

『タイヨウの歌』

Yui、塚本高史主演映画を舞台化

1. 制服で踊る姿が初々しいオンユ　2. ハラムはK-POPアイドル4人に加え、ミュージカル俳優チョ・フンもキャスティング

2021年5月開幕の韓国ミュージカルは、塚本高史が演じた孝治（ハラム）をSHINeeオンユ、DAY6ウォンピル、NU'ESTベクホ、GOT7ヨンジェなどが務め、薫（ヘナ）にはLovelyzのKeiが抜擢されるなど、K-POPアイドルが集結。日本からもオンラインで全公演観賞でき、日本語字幕が選べ、チケットは1公演$40。推し公演制覇のヲタク用には5、または10公演のお得なチケットを販売。

歌唱力の高いK-POPアイドルがミュージカル界へ進出し、ヲタクの活動範囲も拡大。推しの出演が決まったら、オンラインでの視聴方法をチェック。ロングランなら上演中何度でも会える♡

タイヨウの歌
@metatheaterlive
2021年5月1日〜7月25日上演
会場：光林アートセンターBBCHホール
チケット：URL meta theater.live

リアルではできない映像演出や世界中のファンとの交流など、オンラインならではの楽しみも！　（福井県・TOMMY）

オンラインコンサート＆ミュージカル

視界を遮るものなく、推しの毛穴まで見えるかもしれない神席で、心おきなく叫び倒そう！

THE BOYZ

Go to the TOP!
JO1

MAMAMOO

TOMORROW X TOGETHER

ITZY

世界中で開催してきたKCONオンライン版
KCON:TACT

2021年は6月時点で3月と6月に各9日間にわたり開催。毎回30組近いK-POPアーティストが出演し、日替わりで華やかなパフォーマンスを披露。日本ではKCON OfficialとMnet K-POPのYouTubeチャンネル、PIA LIVE STREAMで配信され、1公演視聴から月額決済までチケットのタイプはさまざま。7月以降も定期的に開催予定なので、推しのステージをチェックして見逃さないで！

@kconofficial
KCON:TACT 3　2021年3月20〜28日開催
KCON:TACT 4U　2021年6月19〜27日開催

いまやミュージカルの常連☆K-POPアイドル

SUPER JUNIORキュヒョンやEXOスホ、VIXXレオなどはミュージカルスターとしても大活躍。キュヒョンは2021年6月まで『ファントム』を好演。

KYUHYUN SUPER JUNIOR
SUHO EXO 『笑う男』
CHANGSUB BTOB
LEO VIXX 『エリザベート』

DOYOUNG NCT

ONEW SHINee
WONPIL DAY6
BAEKHO NU'EST
YOUNGJAE GOT7
Kei Lovelyz

NCTドヨンがフェルゼンに！
『マリー・アントワネット』

1. 悲劇の愛に堕ちてゆく気品高きドヨンフェルゼン　2. フェルゼンにはBTOBチャンソブとsg WANNA BE＋イ・ソクフンなども名を連ねる
EMKミュージカルカンパニー提供

2006年に日本で制作されたミュージカルの韓国版。2014年の初演から回を重ねるごとに進化し、2021年7月には満を持してNCTドヨンが登場。実在したスウェーデン貴族のフェルゼン(正式にはフェルセン)伯爵役で、マリー・アントワネットの愛人を演じる。6月時点でオンラインでの配信は未定。ただし、10月までのロングランなので、オフラインでの観賞も夢じゃないかも！

マリー・アントワネット
@emk_musical
2021年7月13日〜10月13日上演
会場：シャルロッテシアター
チケット：
URL www.global
interpark.com

©shinswave

『タイヨウの歌』はもともと香港映画が原案で、日本では映画化、ドラマ化、舞台化の順で公開された。

95

日々推しのことでアタマがいっぱい♡
まだまだある！ ヲタ活ZAPPING

推しのことを考えすぎて、ちょっと心配になっているヲタクのみなさん、大丈夫。アナタだけではありません。この際日本でできることをとことんやり尽くして、会える日まで迷わず突進！

来日できなくても K-POPアイドルのイベントラッシュ！

本人たちはなかなか来られないけれど、運営スタッフは所属アイドルとヲタクのために国内で楽しめるイベントを日夜模索。これまでの活動を展示したエキシビションやミュージアム、アイドルにちなんだメニューのあるカフェなど、趣向を凝らしたイベントを開催。推しの公式SNSをチェックして。

注文特典も！

Stray Kidsは新宿、原宿などで期間限定カフェをオープン
Stray Kids

SEVENTEENは5回目の企画展「SEVENTEEN museum 2021」を渋谷などで開催
SEVENTEEN

フェリックスのブラウニー

1950年代の映画スターがテーマ

＊いずれも終了

推しの誕生日や記念日に広告を出したい！

と思っているヲタクも多いはず。とことん派手に、と考えているなら新宿のユニカビジョンがおすすめ。放映日時や予算を決めて、申し込みが完了したら素材を準備。内容に問題がなければ、あとは放映を待つだけ！プランは9万円から。詳しくは URL
www.yunikavision.jp

BTS Vの誕生日を祝ってファンが広告出資。放映中はARMYの大撮影会。写真や動画をSNSにポストすれば、世界中に拡散されて誕生日がさらに盛り上がる！

ダウンロード必須 神アプリ5

 VLIVE 動画配信を観ることができ、しかも常に韓国芸能人の誰かが生配信。記念イベントからアイドルのプライベートまで無料で楽しめる（有料もあり）。

 Weverse HYBEの子会社が運営するアプリ。BTSやTXTなど好きなアイドルとコミュニケーションが取れ、画像投稿も可能。VLIVEと事業統合の予定。

 bubble アイドルと一対一でメッセージを送り合っているような気分になる沼アプリ。返信すると既読がわかるのも魅力。アプリは複数あるので、推しを探して。

 NAVER 韓国好きにはもともと便利なアプリだけれど、ここから聴ける24時間放送のラジオ「NOW」が話題。最近DJに東方神起チャンミンなどが加わりさらに充実。

 Papago リアルタイムで13ヵ国語の通訳・翻訳ができ、ヲタクのあいだでは韓国語が特に優秀と評判。テキスト、音声はもちろん、画像や会話の翻訳も可能。

アイドルとビデオチャットができるヨントンて？

簡単に言うとサイン会やハイタッチ会がオンラインになったようなもの。生では会えないけれど、スマホやPCなどの画面越しに一対一で会話できる夢のようなイベント。今までは現場に行けず諦めていたファンもオンラインなら自宅から参加できるから、このチャンスに賭けてみては？

オッパ、キョロネジュセヨ〜♡

 ヨントンに当選したら、画面録画とスマホの通知をオフにするのを忘れずに。一生の思い出です。〔岐阜県・TENKO〕

会えないぶん物欲爆発！
日本でも買える公式グッズ

各社以前より販売するグッズが増えたような気がするけれど、推しへの愛と思えばなんのその。オンラインで購入でき日本への発送も可能だから、随時ポチポチ。

SMTOWN &STORE
URL jp.smtownandstore.com

YG Select URL jp.ygselect.com

Weverse Shop
アプリのみ

韓国からの
取り寄せグッズなら雑誌もハズせない

韓国の雑誌はスタイリッシュでおしゃれ。推しのいつもと違う姿を引き出してくれるグラビアは、たとえインタビューの意味がわからなくても必見。Qoo10やKtown4uなどで購入できる。

ソン・ジュンギの3パターンの表紙が用意された『GQ KOREA』

グラビアにはテミンも

NCT127のふたりが表紙を飾ったタブロイド『@star1』

渋谷のタワーレコードは特別？
CD発売記念のイベント盛大

大型パネル展示や渋谷店限定特典など、ちょっと特別感のある店舗内には、アーティストとのコラボカフェやポップアップショップも展開。売り場にはサインなども点在しているので、じっくり探検してみて。

DATA→P.101

MONSTA Xのサイン！

1階と5階のK-POPフロアに大型パネルを展示

渋谷ではココの柱広告もCheck

SHIBUYA 109 P.101

まだまだある！ヲタ活ZAPPING

知っておきたいヲタク用語

ペン
ファンのことで、ペンミ（ファンミーティング）、ペンサ（ファンサービス）なども

ペンラ ペンライト

ペンカペ
ファンカフェのことで、所属事務所が運営する公式SNS

オルペン
グループのメンバー全員のファンのことで、～寄りオルペンという使い方も

イルデ
日本デビュー。イル活は日本活動の略

ヒョン／オッパ
お兄さんのことで、年上男性を男性が呼ぶときはヒョン、女性が呼ぶときはオッパ

ヌナ／オンニ
お姉さんのことで、年上女性を男性が呼ぶときはヌナ、女性が呼ぶときはオンニ

マンネ 末っ子

～line（ライン）
生まれ年やマンネなどのポジションで、グループ分けしたときの呼称。99lineなど

サノク
歌番組などでパフォーマンスを事前に収録すること

スミン
ストリーミング再生の略で、歌番組で推しを1位にするためにスミンは重要

ヨントン
ヨンサントンファの略で、映像通話のこと

★歌番組の呼称
ショーチャン ショーチャンピオン
エムカ M COUNTDOWN
ミューバン ミュージックバンク
ウマチョン ショー!K-POPの中心
インガ 人気歌謡

ヨントンで使えるフレーズ

ポゴシポッソヨ 会いたかったです
モシッソヨ かっこいいです
イェッポヨ きれい（かわいい）です
ノム チョアヘヨ 大好きです
サランヘヨ 愛しています
～ラゴ ブルロジュセヨ ～(名前)を呼んでください
チェゴエヨ 最高です
トゥグントゥグンコリヨ ドキドキしています
ハンサン ウンウォンハゴ イッソヨ いつも応援しています

ヲタク道を極めるなら、推しの等身大パネルを作っては？簡単に発注できるので「等身大パネル」で検索してみて。

97

地上 19階！
地下 7階！
圧巻のトロフィーウォール

HYBE
{ BTS NU'EST SEVENTEEN TOMORROW X TOGETHER ENHYPEN など }

社屋の地下にARMY垂涎の場所が

2021年3月に龍山トレードセンターへ移転し、Big Hitから社名変更。5月14日には体験型のミュージアム&ショップ「HYBE INSIGHT」がベールを脱ぎ、BTSのステージ衣装やマイク、アルバムなどの展示、またここだけの限定グッズなどを販売。入場券は2万2000W～で要予約。

HYBE INSIGHT
ハイブインサイト

🏠 龍山 용산구 한강대로 42, B1～B2F ⏰ 11:00～最終入場 19:20 🗓 月 🚇 地下鉄4号線新龍山 (429) 2番出口から徒歩8分 📷 @hybe.insight

一部のグッズはWeverse Shopアプリ (P.97) で日本でも購入可能

韓国大手芸能事務所の最新 News

江南からこぞって引越し！

ソウルきってのセレブタウン、江南からJYP、HYBE、そしてSMまでもが移転。渡韓できないヲタクに代わって現場からレポート♪

JYP entertainment
{ J.Y.Park 2PM DAY6 TWICE Stray Kids ITZY NiziU など }

NiziUの手形やサインも！

Nizi Projectで日本でも時の人となったJ.Y.Parkが創業者。JYPはひと足先に江東区へ引越し、新社屋1階にあったカフェ「SOULCUP」は2020年蚕室ロッテワールドモールでリオープン。所属アーティストの手形などの展示やグッズ販売も。オーディションスタジオも併設。

TWICEが好きなスタッフルーム♡

SOULCUP
ソウルカップ

🏠 蚕室 송파구 올림픽로 300,2F ⏰ 10:30～22:00 🗓 無休 🚇 地下鉄2号線蚕室 (216) 駅1・2番出口直結 📷 @jyp_soulcup

巨大スクリーンではMVも

カフェメニューもおしゃれ

YG entertainment
{ BIGBANG BLACKPINK WINNER iKON TREASURE など }

こちらもMV♪

グッズはYG Selectオンライン (P.97) で日本でも購入可能

これで事務所の張り込みもラクに

4大芸能事務所のなかで最初で唯一江南ではなく江北に住所があり、2020年には社屋のすぐ隣に約10倍規模の新社屋を建設。その近未来的な建物の向かいに、2021年6月1日ファンのためのカフェ&ショップ「the Same E」を設置。事務所公認の待機所はヲタクにとってありがたい存在。

the Same E ザセイム

🏠 合井 마포구 희우정로1길 6-3,B1～2F ⏰ 10:00～21:00 🗓 無休 🚇 地下鉄2・6号線合井 (238-622) 駅8番出口から徒歩8分 📷 @thesamee_official

SM entertainment
{ BoA 東方神起 SUPER JUNIOR 少女時代 SHINee EXO Red Velvet NCT aespa など }

移転先にはアーティストも居住

江南の代名詞的芸能事務所が2021年夏に聖水洞アクロソウルフォレストへ移転。それに先立ち、東大門デザインプラザ内のSMTOWN &STOREが7月1日にリオープン。自分だけのアーティストフォトが作れるPHOTO KIOSKなどユニークな新サービスが増え、買い物以外のお楽しみも満載。

SHINee

SMTOWN &STORE@DDP
エスエムタウンアンドストア@ディーディーピー

🏠 東大門 중구 을지로 281,1F ⏰ 10:00～20:00 🗓 不定休 🚇 地下鉄2・4・5号線東大門歴史文化公園 (205・422・536) 駅1番出口直結 📷 @smtownandstore

NCT DREAM

グッズはSMTOWN &STOREオンライン (P.97) で日本でも購入可能

WayV

パスポート持参!

TOKYOに点在する
韓国をてくてく
そのまま一気にソウルまで!

街の焼肉屋さんは身近にあっても、本場の味やトゥンカロン、K-POPアイドルとの
お揃いコーデや聖地は、TOKYOをてくてくしないとなかなか出会えない。
韓国好きや韓国人の店員さんとワイワイしてると東京にいるのを忘れてしまいそう。
「だって、ここはソウルだよ」って言える未来のために、予習もしっかりしておこう。

W

A

K

日本を代表する流行発信地☆
原宿〜表参道〜渋谷で交差する
Kカルチャー Hopping

TOTAL 約7時間

原宿〜表参道〜渋谷おさんぽ
TIME TABLE

- 13:00 STYLENANDA原宿店
  ↓ 徒歩5秒
- 13:30 ETUDE HOUSE
  ↓ 徒歩2分
- 14:00 K-TOWN原宿
  ↓ 徒歩5分
- 14:30 ラフォーレ原宿
  ↓ 徒歩5分
- 15:30 NERDY
  ↓ 徒歩5分
- 16:00 innisfree
  ↓ 徒歩12分
- 16:30 タワーレコード渋谷店
  ↓ 徒歩3分
- 17:30 渋谷モディ
  ↓ 徒歩2分
- 17:30 ALAND TOKYO
  ↓ 徒歩2分
- 18:00 SHIBUYA109
  ↓ 徒歩7分
- 19:00 水刺齋

国内はもちろん、世界中から旅行者が訪れる人気エリア。日本のポップカルチャーが生まれる街には、大流行中のKカルチャーを感じられるスポットも集結！

ETUDEコスメがずらりと並ぶ店内にテンションUP！

1 竹下通りでショッピングスタート
STYLENANDA原宿店 13:00
スタイルナンダハラジュクテン

韓国発アパレルブランドで、竹下通りのアイコン的存在。ファッションアイテムとオリジナルコスメ3CE両方のショッピングが楽しめる。

DATA → P.67, 80

店内全部かわいいものいっぱい♪
韓国の最旬スタイルアイテムが並ぶ

2 もうひとつのアイコンショップへ
ETUDE HOUSE 13:30
エチュードハウス

STYLENANDAの正面にある韓国コスメブランド。いまやトレンドメイクの多くは韓国発が主流。旬顔になれるコスメを実際に試すことができる。

DATA → P.80

3 韓国おやつが食べられるフードコート
K-TOWN原宿 14:00
ケイタウンハラジュク

街歩きのおやつタイムにぴったりのスポット。韓国で人気の屋台フードやスイーツの店が複数集まっている。フードコートスタイルなので、シェアしながらいろいろ味わいたい。

Map P.118-A2 原宿
渋谷区神宮前1-8-8 COXY188ビル1F ☎03-6447-0536
⏰10:00〜21:00、土・日〜21:30 無休 地下鉄明治神宮前〈原宿〉駅5番出口から徒歩2分 @ktown_harajuku

とろーりチーズがおいし〜

1. ポテトモッツァレラチーズハット650円 2.「すこぶる動くうさぎ」のトゥンカロン400円 3. 甘辛タッカンジョン400円 4. 原宿のリトルコリアンタウン

4 原宿のランドマークをチェック
ラフォーレ原宿 14:30
ラフォーレハラジュク

原宿のファッションアイコンビル。韓国の新進ブランドのポップアップストアも多数出店し、常設となるショップも多い。

マストスポット

Map P.118-A1 原宿
渋谷区神宮前1-11-6 ☎03-3475-0411 ⏰11:00〜20:00 無休 地下鉄明治神宮前〈原宿〉駅5番出口から徒歩1分

1. 17kg (P.67) のストリートマーブルスエット2980円 2. キュートなMEVE the store (P.66) 3. CRANKのヘアバン3740円は Never mind the XU (P.69) で揃う 4. 6階はミュージアム

韓国JK制服を着て人生4カットプリを撮影

原宿のランドマークで変身！

K-POPアイドルがライブやバラエティ番組で着用している制服のレンタルスポット。学校をイメージしたかわいい店内で写真を撮ったり、着たまま外出もOK。ラフォーレ原宿にしかないレトロ風4コマ韓国プリ、人生4カットもある。

CHOA ONNI
チョアオンニ

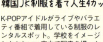

1. 人気No.1の制服 2. 時間内なら何回着替えてもOK 3,4. ポラロイドカメラで撮ったような雰囲気が魅力

Map P.118-A1 渋谷区神宮前1-11-6 ラフォーレ原宿B1F ☎03-6434-9555 ⏰11:00〜20:00 無休 2.5時間3000円〜 地下鉄明治神宮前〈原宿〉駅5番出口から徒歩1分 @choa_japan

K-TOWN原宿のキムパッは具がはみ出すくらいたっぷり入って大満足！（神奈川県・コハル）

5 NERDY ノルディ 15:30
映えショットが撮れるショップ&カフェ

K-POP好きにはおなじみのストリートブランド。カフェもショップも全フロアがフォトジェニック。

DATA → P.31,68

かわいすぎる店内でショッピングを楽しんで

6 innisfree イニスフリー 16:00
自然派コスメで美肌を磨こう

ユネスコ世界自然遺産にも登録されている韓国・済州島の自然の恵みから生まれたコスメブランド。スキンケアからカラーコスメまで揃う。

DATA → P.80

交差点からすぐ近くの緑が目印！

2階建ての表参道本店

リリースイベント

7 タワーレコード渋谷店 16:30
渋谷のK-POP聖地へ移動

1階ニューリリースコーナー、5階K-POPフロアはマストチェック！パネル展やコラボカフェ、リリースイベントなどがたびたび開催されているので事前にチェック。

ポスターもモニターもセブチ

Map P.118-B1 渋谷
- 渋谷区神南1-22-14 03-3496-3661
- 11:00～21:00 無休 JR渋谷駅ハチ公口から徒歩3分

1. CIXは2Sが撮れる等身大パネルの展示も
2. リリースイベントライブも開催される

8 渋谷モディ 17:00
韓流エンタメの企画をチェックして

5・6階のHMV&BOOKS SHIBUYAで、K-POP関連の展示やイベント多数。7階イベントスペースでも韓流企画展やポップアップイベントがたびたび開催されている。

Map P.118-B1 渋谷
- 渋谷区神南1-21-3 03-3464-0101
- 11:00～21:00 無休 JR渋谷駅ハチ公口から徒歩3分

1. 写真や衣装が展示されたSEVENTEEN museum 2021
2. タワレコとHMVをハシゴしよう

9 ALAND TOKYO エーランドトウキョウ 17:30
Kファッション最前線ショップ

DATA → P.64

韓国発セレクトショップ。韓国の新進デザイナーズブランドがいち早く揃うので、おしゃれ好きにはハズせないスポット。

欲しかったコスメや雑貨も揃う

韓国の流行が詰まっている

10 SHIBUYA109 シブヤイチマルキュー 18:00
渋谷のランドマークでショッピング

K-POPアイドルも登場する外壁の円柱広告はあまりにも有名。ETUDE HOUSE（P.80）やinnisfree（P.80）のほか、SBY、PJ_Cなどでも独自セレクトの韓国コスメを扱う。韓国アパレルを扱うIMADA MARKET（P.69）も。

渋谷名物巨大広告

Map P.118-B1 渋谷
- 渋谷区道玄坂2-29-1 10:00～21:00（店舗により多少異なる）無休 JR渋谷駅ハチ公口から徒歩2分

1. 2021年3月はTREASURE 2. 8階SBYで扱うBANILA CO（バニラコ）のクレンジングバーム「クリーンイットゼロ」2860円 3. 地下2階PJ_Cでは、ドリーム整形外科のコスメのスキンケアORGA DREAM（オルガドリーム）も。ザファーストセラム1万3200円

11 水刺齋 スランジェ 19:00
ディナーは美人になれる薬膳コース

中国の漢方を基に韓国の風土や生活習慣に合わせて作られた韓方（ハンバン）。高麗人参やナツメなどの韓方をふんだんに使った料理が堪能できる。おいしく食べてきれいになろう。

駅直結で便利ね

Map P.118-B1 渋谷
- 渋谷区渋谷2-21-1 渋谷ヒカリエ6F
- 03-6434-1465 11:00～23:00（L.O.22:00）無休 JR渋谷駅2F連絡通路直結

1. 韓国宮廷料理風の目にもおいしい薬膳コース2980円
2. 渋谷駅直結だけど落ち着いた雰囲気

SHIBUYA109の地下2階にあるPLAZA（P.81）は売れ筋の韓国コスメが豊富に揃っている。

ARMYはチェック済み？
BTS JIMIN & JUNG KOOKの
『G.C.F in Tokyo』おさらいさんぽ

ファンの間では伝説になっているBTSふたりの東京旅行。JIMINを主役にJUNG KOOKが撮影、編集をこなし映像まで残した足取りを、原宿でたどってみよう。

スタートはホテル、レム六本木のエレベーター。

タクシーで表参道へ移動

ここからはarucoの提案のルートで巡礼！

Departure Time 2017/10/30 15:08

TOTAL 約3.5時間

BTS聖地巡り♡
TIME TABLE
- 11:00 表参道（フェンディ前）
  ↓徒歩約1分
- 11:10 SAINT LAURENT表参道
  ↓徒歩約3分
- 11:30 神宮前歩道橋
  ↓徒歩約2分
- 11:40 神小通り
  ↓徒歩約5分
- 11:50 東急プラザ表参道原宿
  ↓徒歩約1分
- 12:00 LINE FRIENDS FLAGSHIP STORE 原宿
  ↓徒歩約2分
- 12:30 カフェクレープ ラフォーレ原宿ショップ
  ↓徒歩約1分
- 12:45 Galaxy Harajuku
  ↓徒歩約4分
- 13:15 レッドロック原宿店
  ↓徒歩約5分
- 14:00 HIROMAN'S COFFEE

1 最初の撮影スポットはフェンディ前 11:00
表参道 オモテサンドウ

動画では日が陰り、SAINT LAURENTのショッピングバッグを持っているので、歩いたのは夕食の前後（レッドロック原宿店P.103）と推測。

Map P.118-A2　表参道

表参道駅に向かって歩いて撮影するとJIMINと同じアングルに

2 店内でJIMINがダンスを披露 11:10
SAINT LAURENT 表参道
サンローラン オモテサンドウ

BTS愛用のブランドとして知られるここでは、JIMINが買い物してスタッフに道を聞く様子も。鏡に映る撮影中のJUNG KOOKにも注目。

3フロアからなる店内ではBTSとお揃いのアイテムが見つかるかも

Map P.118-A2　表参道
🏠渋谷区神宮前4-3-10　☎03-6863-9898　🕐11:00～19:00　不定休　🚇地下鉄表参道駅A2番出口から徒歩1分

3 RALPH LAURENがポイント 11:30
神宮前歩道橋 ジングウマエホドウキョウ

歩道橋でGYREビル側から原宿警察神宮前交番側へ渡ったふたり。奥にRALPH LAURENの文字を入れて撮影すると同アングルに！

Map P.118-A2　表参道

表参道の並木道を撮影する絶好スポットとしても有名

4 11:40
小道で振り返る拳がかわいすぎ
神小通り じんしょうどおり

タクシーを降りて早めに歩いたと考えられる神宮前交番と小学校の間の小道。荷物がまだ少ないのでJIMINの足取りも軽やか。

Map P.118-A2　表参道
Onitsuka Tigerの看板を入れて撮影。振り返るのも忘れずに！

5 エスカレーターからの光景を共有 11:50
東急プラザ 表参道原宿
トウキュウプラザ オモテサンドウハラジュク

巨大な万華鏡ステンレスパネルが特徴のエスカレーターに乗って、人々が行き交う原宿の光景をふたりと共有。それだけで胸が熱くなる♡

人や動きによって変化する万華鏡を見て、JUNG KOOKが何を感じたか妄想

Map P.118-A1　原宿
🏠渋谷区神宮前4-30-3　☎03-3497-0418　🕐11:00～21:00　不定休　🚇地下鉄明治神宮前（原宿）駅5番出口から徒歩1分

102　一蘭やつるとんたん、油そば東京油組総本店など、K-POPアイドルは日本の麺が大好き！〈広島県・ヒョン〉

『G.C.F in Tokyo（정국&지민）』って？

2017年11月8日にYouTube「BANGTAN TV」で公開された動画で、2021年6月時点で再生回数約2730万回を突破。JUNG KOOKの個人コンテンツGolden Closet Filmのひとつで最初の作品。クレジットにもふたりのイニシャルが書かれている。

Golden Closet Film in Tokyo with JM@2017
Director JK
Director Of Photography JK
Editor JK
Actor JM
BGM「There For You」
Martin Garrix, Troye Sivan

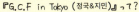

Galaxy Harajuku
BTSのパネルなども！

6 BT21の新作を大人買い！ 12:00
LINE FRIENDS FLAGSHIP STORE 原宿
ラインフレンズフラッグシップストアハラジュク

BT21グッズはもちろん、BTSがキャラをデザインした際のラフや日本語が書かれたサイン、撮影スポットなど大きな店内にお楽しみが満載。

Map P.118-A2 原宿
渋谷区神宮前 4-31-12 原宿ゼロゲート 03-5785-3001 11:00～20:00
無休 地下鉄明治神宮前〈原宿〉駅5番出口から徒歩2分
URL www.linefriends.jp

日本限定アイテムも多数揃う。ブラウンなど人気キャラも勢揃い

一緒に撮影できる場所も。階段にもキャラが描かれている

『G.C.F in Tokyo』

7 12:30
JIMINがTwitterにアップしたクレープ屋さん
カフェクレープ
ラフォーレ原宿ショップ
カフェクレープラフォーレハラジュクショップ

『G.C.F in Tokyo』の来日時か不明だけれど、JIMINが食べたクレープはここのアイス★ストロベリーチョコ生クリーム640円。

Map P.118-A1 原宿
渋谷区神宮前1-1-6 ラフォーレ原宿1F 03-3497-0030 10:30～21:30 無休 地下鉄明治神宮前〈原宿〉駅5番出口から徒歩1分

原宿最初のクレープ店としてオープン。JIMINは明治通りを背にセルカ

傘なしにここでも！
BTSとのコラボモデルを発売しているGalaxyのショーケース

入ってすぐのテーブルがふたりの席。奥がJUNG KOOKで手前がJIMIN

ふたりはこの後あの、夢の国へ〜♪

8 ランチはふたりが完食した丼 13:15
レッドロック原宿店
レッドロックハラジュクテン

看板メニューのローストビーフ丼をスルーして、ふたりはステーキ丼1600円（大盛）の食券を購入。ごはん粒の残し方に性格が！

Map P.118-A2 原宿
渋谷区神宮前3-25-12 フジビルB1F 03-6721-1729 11:30～21:00 無休 JR原宿駅竹下口から徒歩7分
@redrockharajuku

9 メンバー全員で訪れたカフェ 14:00
HIROMAN'S COFFEE
ヒロマンズコーヒー

配信番組『We Love BTS〜原宿スイーツパーティー編〜』で来店。J-HOPEが「ウマイ」と絶賛したのはブルーベリーヨーグルト。

Map P.118-A2 原宿
渋谷区神宮前3-18-12 03-5775-5663 11:00～19:00（L.O.18:30） 不定休 JR原宿駅竹下口から徒歩10分 @hiromans_coffee

1. メンバーが食べていた綿アメは金魚鉢フルーツソーダ700円のトッピング（100円追加） 2. ブルーベリーヨーグルトといちごみるく 各700円

最後にもう1軒寄り道

レム六本木には、宿泊以外にデイユースプランなどもあるので、聖地巡りに加えるのもすすめ。

プラスαの体験が盛りだくさん！
新大久保のお隣タウン
新宿〜四ツ谷で新旧韓国を探索

韓国系スポットが増加中の新宿駅に、韓国文化の窓口を担っている四ツ谷。グルメ、ショッピング、インスタ映え、伝統文化、料理教室……と、韓国コンテンツの幅広さはNo.1のおさんぽコース。

TOTAL 約6時間

新宿〜四ツ谷おさんぽ
TIME TABLE
- **13:00** 韓花
  ↓ 徒歩約3分
- **14:00** ルミネエスト新宿
  ↓ 徒歩約15分
- **15:30** nui box
  ↓ 徒歩約8分
- **16:30** 駐日韓国文化院
  ↓ 徒歩約3分
- **18:00** 妻家房四谷本店

1 まずはコリアンランチからスタート！
韓花 13:00
ハンファ

新宿駅前とは思えない落ち着いた店内で、本場韓国で鍛え上げた料理人による本格韓国料理が味わえる。完全個室制なので、女子会やパーティにもピッタリ。

Map P.117-B1 新宿
- 新宿区新宿4-1-9 新宿ユースビルPAX2F ☎03-5868-7472
- 11:30〜15:00 (L.O.14:30)、17:00〜23:00 (L.O.21:30)、土・日 11:30〜23:00 (L.O.21:30)、祝 11:30〜22:30 (L.O.21:30) 無休 JR新宿駅東南口から徒歩1分

1. スンドゥブチゲ980円 2. ビビン冷麺1160円 3. 冷麺1120円。ランチには、おかず3品+デザート付きで、スンドゥブチゲにはさらにライスもついてかなりお得 4,5. 高級感のある店内なのに、値段はリーズナブル

2 駅直結ビルに韓国発ショップが充実
ルミネエスト新宿 14:00

新宿駅東口にある駅ビル。アクセス抜群のショッピングビルに韓国発のショップが続々出店。コスメでは、ETUDE HOUSE (P.80)、innisfree (P.80)、CREE'MARE (P.81)、ファッションブランドでは、DHOLIC (P.66)、A'GEM/9 (P.69)、.KOM (P.69) など。1ヵ所で欲しかったアイテムがすべて揃います。

Map P.117-B1 新宿
- 新宿区新宿3-38-1 11:00〜20:00 (店舗により多少異なる) 無休 JR新宿駅東口直結

1,2,3. ワンストップで韓国コスメ＆ファッションのお買い物が楽しめる 4. 地下2階のアットコスメストアでも人気韓国コスメを扱う 5. 地下1階のイベントスペースでは、K-POPのコラボカフェなどを開催

アクセス楽々
新大久保〜四ツ谷を結ぶ無料のKシャトル

新大久保〜都庁〜新宿駅〜四ツ谷を巡回するシャトルバスが1日4便運行している。運賃はなんと無料！韓国系スポットを効率よく巡る手段として上手に利用したい。

赤と青の目立つ車体
無料 URL k-shuttle.net
＊新型コロナウイルス感染拡大のため臨時運休中（2021年6月時点）

ルミネエスト新宿でやっていたBT21カフェに行きました。メニューもかわいくてTATAマグ買えて大満足です♡ （東京都・かのん）

3 韓国インテリアのかわいいカフェへ
nui box 15:30
ヌイボックス

2020年8月オープン。ふたりのインスタグラマーがプロデュースしたおしゃれなカフェ。店内のインテリア雑貨や食器は韓国から取り寄せたもの。「韓国の街角のカフェ」を訪れた気分になれるとSNSで話題。

Map P.117-B2 新宿御苑
- 新宿区新宿1-12-8　03-5925-8692
- 10:00～18:00　無休　地下鉄新宿御苑前駅2番出口から徒歩1分　@__nuibox

1. チェリーワッフル900円　2. コットンキャンディがのったクルムソーダ650円　3. 韓国のカフェにワープしたよう　4. ロータスラテ600円　5. バナナカップケーキ600円

#소풍
インスタで話題の"おしゃピク"ができる！

nui boxではピクニックレンタルプランを行っている。韓国人のおしゃれなインスタで見るような"おしゃピク"に欠かせないピクニックシート、バスケット、テーブルなどが借りられる。カフェ近くの新宿御苑で소풍（ピクニック）しよう♪

花束や英字新聞など写真映えするアイテムがオプションで借りられる

- 120分2000円＋保証金1000円（返却時に保証金は返金）、オプションアイテム100円～　URL nuiboxpicnic.amebaownd.com

4 韓国と日本の文化のかけ橋
駐日韓国文化院 16:30
チュウニチカンコクブンカイン

駐日韓国大使館の文化活動窓口を担う外交機関。建物内には、企画展を行うギャラリーや図書映像資料室があり、誰でも気軽に利用できる。韓国の伝統建築様式を再現したサランバンや空中庭園のハヌル庭園は必訪。

Map P.116-B1 四ツ谷
- 新宿区四谷4-4-10　03-3357-5970　9:00～18:00（図書館）火～金10:30～18:00、土～17:30　土・日／図書館4日・月
- 地下鉄四谷三丁目駅1番出口から徒歩3分　@kcultureinjapan
- URL koreanculture.jp

四ツ谷で伝統体験

1. 近代的なビルの上とは思えないハヌル庭園　2. ソウルの世界遺産・昌徳宮（P.113）にある演慶堂（ヨンギョンダン）をモチーフに再現されたサランバン　3. 韓国関連図書や韓国語図書、韓国映画、ドラマDVDも所蔵。ひとり2冊まで2週間貸出可　4. 文化体験、公演、試写会などさまざまなイベントを開催

5 韓国家庭料理秘伝の味を日本に伝える
妻家房四谷本店 18:00
サイカボウヨツヤホンテン

韓国料理店と韓国総菜販売を全国展開している妻家房の本店。1階に自社製のキムチや総菜を販売する食料品売り場がある。その奥にキムチ博物館があり、製造工程や道具、各地方のキムチなど興味深い展示も。2・3階はレストランになっており、韓国家庭料理が食べられる。

ご飯がススム

Map P.116-B1 四ツ谷
- 新宿区四谷3-10-25　03-3354-0100
- 11:30～23:00　無休　地下鉄四谷三丁目駅2番出口から徒歩30秒

各地方のキムチの解説もある

1,2. ジオラマなどを使ってキムチ作りの歴史を伝えるキムチ博物館　3. 定番のハクサイキムチ100g230円、オイキムチ100g250円のほか、旬の素材など珍しいキムチも　4,5. レストランで食べられる石焼ビビンパ（キムチ・スープつき）1290円とパチヂミ890円～

妻家房のキムチ＆家庭料理を習ってみよう

総料理長直伝！

四谷本店では毎月第1・3土曜に、リュウ・ヒャンヒ総料理長による料理教室を開催。キムチと韓国総菜各1品の作り方をていねいに教えてくれる。メニューは月替わり。

- 03-3353-0200（料理教室担当）　4500円（1受講約2時間）　要予約
- URL www.saikabo.com

定番のハクサイ以外に、トマトと旬の食材を使ったキムチの作り方を学べる。料理番組出演や著書も多数あるリュウ総料理長

駐日韓国文化院ではレベル別の韓国語講座を開講。5歳～中高生向けには無料講座もある。

新大久保だけじゃない
東京の元祖コリアンタウン
赤坂・麻布十番・東上野

新大久保のような観光客の姿はほとんどないけれど、東京の街にはいくつかのコリアンタウンが点在している。ちょっと渋い韓国を体感しに出かけてみよう。

赤坂 akasaka

韓国企業の日本支社が多く、それにともない韓国料理店も増加。ビジネスマン向けの高級感のある本格料理を出す店が多いのが特徴。

1 濃厚なうま味とカニの甘味が絶妙
プロカンジャンケジャン

本店はソウル・カンジャンケジャン通りの人気店。醤油ダレにワタリガニを漬け込んだカンジャンケジャンは韓国海鮮料理の代表格。

Map P.119-B2 赤坂

🏠港区赤坂3-11-7 ソシアル赤坂ビル2F ☎050-5869-4933 ⏰11:30～L.O.14:30、17:00～L.O.21:30 休無休 🚇地下鉄赤坂駅1番出口より徒歩3分

1. コチュジャンダレのヤンニョムケジャン1匹5290円 2. ワタリガニを蒸したコッケチム7930円 3. カンジャンケジャン1匹5080円 4. カンジャンケジャン+ご飯のケアルビビンバ2660円 5. ワタリガニのピリ辛鍋コッケタン小4475円。贅沢なカニ尽くしを楽しみたい

牛のあらゆる部位を煮込んだソルロンタン1650円。コクはあるのにあっさり。11種のおかずとご飯もついてくるくしを楽しみたい

路地裏にも韓国料理店が並ぶ

Map P.119-B2 赤坂

🏠港区赤坂2-13-17 シントミ赤坂第2ビル1F ☎03-3582-7008 ⏰24時間 休無休 🚇地下鉄赤坂駅2番出口から徒歩2分

2 東京イチともいわれる絶品スープ
赤坂一龍別館
アカサカイチリュウベッカン

同じビルの5階にある本店は1965年創業の老舗の韓国料理店。ここ別館では名物のソルロンタンほか3メニューのみで営業している。

Plus
赤坂一龍界隈を散策して

赤坂一龍のあるビルには複数の韓国料理店がある。1階には食料品店の瑞山物産があり、自家製キムチやチャンジャなどが買える。周辺にも焼肉やチキンの看板を掲げた韓国料理店が集中する。

3 瑞山物産
ソサンブッサン

Map P.119-B2 赤坂

🏠港区赤坂2-13-17 シントミ赤坂第2ビル1F ☎03-3224-1433 ⏰10:00～翌3:00、土～翌1:00、日14:00～22:00 休無休 🚇地下鉄赤坂駅2番出口から徒歩2分

韓国の街角にある食料品店を思わせる

4 兄夫食堂
ヒョンブシクドウ

Map P.119-B2 赤坂

🏠港区赤坂2-13-17 シントミ赤坂第2ビル1F ☎03-5575-3883 ⏰24時間（15:00～16:00休み）休無休 🚇地下鉄赤坂駅2番出口から徒歩2分

韓流スターの写真やサインがいっぱい

106　赤坂一龍の本店は別館より落ち着いた雰囲気です。メニューもいろいろありました。（埼玉県・じゅん）

麻布十番
azabu juban

駐日大韓民国大使館のほか各国の大使館がある国際色豊かな街。密集してはいないものの、質の高い韓国料理店が点在している。

1 美食家が認めた参鶏湯専門店
グレイス麻布十番
グレイスアザブジュウバン

格付けガイドのコスパ部門に選定されている有名店。若鶏に朝鮮人参やナツメなどを詰めて煮込んだ参鶏湯は、滋養食として重宝されている。

Map P.119-C2 麻布十番

港区麻布十番1-7-2 03-3475-6972 11:30〜14:30(L.O.14:00)、17:00〜22:30(L.O.22:00) 日・祝のランチ 地下鉄麻布十番駅7番出口から徒歩1分

参鶏湯は通販でも購入可。3960円
1日10食限定

1. 参鶏湯4400円。美容効果も高い 2. キムチチヂミ1320円など定番韓国料理も豊富 3. 壺入り生マッコリ2400円

2 メディアで話題のタッカルビ
山本牛臓 麻布十番店
ヤマモトギュウゾウアザブジュウバンテン

創作韓国料理の人気店。注文率No.1のチーズホットタッカルビは、BTSのJ-HOPEとJIMINがロケで訪れた際に食べたことでも有名。

Map P.119-C2 麻布十番

港区麻布十番1-8-10 VORT麻布十番Ⅲ 3F 03-3583-3138 18:00〜24:00(L.O.23:00) 無休 地下鉄麻布十番駅4番出口から徒歩2分

赤坂・麻布十番・東上野

バターコーン　ニンニク　青トウガラシ
熱々チーズ
タッカルビ
韓国風茶碗蒸しのケランチム

1. チーズホットタッカルビ3200円。+300円で追いチーズ、+500円で韓国チャーハン、ポックンパOK 2. オリジナルコチュジャンと牛骨スープの赤鍋1480円

東上野
higashiueno

都内最古のコリアンタウン。戦後間もない1948年頃にできた「上野親善マーケット」が始まり。キムチ横丁とも呼ばれる。

1 専門店ならではの絶品キムチ
共栄
キョウエイ

軒先に置かれた冷蔵庫にハクサイはもちろん、ネギやセロリ、トマトなどたくさんのキムチがずらり。量り売りなので好きな分量だけ購入できる。

Map P.119-A2 上野

台東区東上野2-15-5 03-3831-1867 10:00〜18:00、土・日9:00〜 無休 JR上野駅中央改札口から徒歩7分

1. 欲しいキムチを指さしリクエスト 2. 東上野のキムチ横丁。共栄と第一物産は隣同士

Plus
ワンブロックすべて韓国

共栄、第一物産のある一角は右を見ても左を見ても、細い路地裏をのぞいても韓国料理店だらけ。ワンブロックに10軒ほどが軒を連ねている。どの店もコスパ抜群の本場の味が楽しめるから、ハシゴする強者も！

路地裏はディープな雰囲気

2 手作りにこだわる伝統キムチ
第一物産
ダイイチブッサン

1960年創業で3代受け継がれたキムチが自慢。牡蠣やオリーブといった珍しいキムチが揃うほか、調味料やインスタント麺など韓国食材も豊富。

Map P.119-A2 上野

台東区東上野2-15-5 03-3831-1323 9:00〜19:00、土・日・祝〜18:00 火 JR上野駅中央改札口から徒歩7分

1. 小パックもあるのでトライしやすい 2. 店内にところ狭しと並ぶ食品 3. bibigoのカムジャタン850円など 4. 人気インスタント麺120円〜

第一物産では、3代目社長でキムチソムリエでもあるヘランさんによる料理教室も開催している。

次の韓国旅行はまずここから！
ドラマの世界へダイブする『梨泰院クラス』ロケ地さんぽ

梨泰院は各国大使館が点在する多国籍な雰囲気が魅力のグローバルタウン。飲食店やバー、クラブがひしめくの夜の街でもある。ドラマの世界をどっぷり楽しむなら、梨泰院泊がおすすめ。

TOTAL 約7時間

梨泰院おさんぽ TIME TABLE
- 16:00 オリオール
  ↓ 徒歩約3分
- 17:00 スアの家
  ↓ タクシー約5分
- 17:15 ザ・フィネスト
  ↓ 徒歩約1分
- 18:30 緑莎坪歩道橋
  ↓ 徒歩約5分
- 19:00 ソウルバム
  ↓ 徒歩約6分
- 21:00 クルバム
  ↓ 徒歩約7分
- 23:00 ジーゲストハウス

1 タンバム2号店からスタート！ オリオール 16:00
Oriole

再起をかけ2号店を立ち上げた場所。ルーフトップが印象的なカフェバーで、ソウルの街が一望できる。

🏠龍山区新興路20キル43 ☎02-6406-5252 ⏰14:00～22:00（バー16:00～）、土・日11:30～ 休火 🚇地下鉄6号線緑莎坪（629）駅からタクシー6分 @oriole_hbc

1. ドラマと同じアングルで写真が撮れる。高台にあるのでタクシーで行くのがおすすめ 2. タンバムの看板が残っている 3. 店内もクール

2 セロイとスアの胸キュンシーン スアの家 17:00

ハロウィンの夜に再会したセロイがスアを送っていった家。実はタンバム2号店のすぐ近くにある。

🏠龍山区豆毛川ウォン路40キル28-16 🚇地下鉄6号線緑莎坪（629）駅からタクシー6分

不器用なセロイ…

1. おんぶして歩いていた階段が感慨深い 2. スアが入っていったドアは뉴일무이（ニューイルムイ）というウエディングフォトスタジオ

3 タンバム2号店からスタート！ ザ・フィネスト 17:15
The Finest

Nソウルタワーを望む絶景ラウンジ。おしゃれなレストランやバーが並ぶ経理団通りにある。

🏠龍山区会賢路41 3F ☎02-794-5810 ⏰17:00～翌1:00、金・土～翌3:00、日14:00～翌1:00 休無休 🚇地下鉄6号線緑莎坪（629）駅2番出口から徒歩12分 @thefinest_lounge

苦い夜が甘くなりますように……

1. ふたりが座ったのはNソウルタワーを背にしたカウンター 2. 絶景とともにシーンが目に浮かぶ 3. ネグローニなどのカクテルが楽しめる

The Finestから緑莎坪駅への途中にセロイがグンスを慰めた公園がある

108　『梨泰院クラス』ロケ地近くの別のルーフトップバーに行ったことがあります。次は絶対「タンバム」に行きます。（愛知県・ほの）

4 緑莎坪歩道橋 18:30
セロイに会えそうな気がする
ノサッピョンボドユッキョ 녹사평보도육교

ドラマのカギとなるシーンが数多く撮られた歩道橋。眺望もよく写真を撮りにくるファンが多い。

🚇地下鉄6号線緑莎坪(629)駅1番出口から徒歩1分

Nソウルタワーが見える

タンバム1号店へ続く道は、セロイとスアのキスをイソが「ディフェンス」した場所

5 ソウルバム 19:00
夢のスタート "タンバム1号店"
서울밤

飲食店として営業している。外壁のツタや屋上もそのままで感動。

🏠 용산구 녹사평대로40길 57 ☎02-797-8485
🕐17:00～翌2:00(変動あり) 休月 🚇地下鉄6号線緑莎坪(629)駅1番出口から徒歩6分

1. タンバムのスタッフが出てきそう
2. 豚モヤシ炒め1万5000W。タンバムと同じメニューが食べられる！
3. スンドゥブチゲ1万8000W
4. 店内ではドラマシーンの投影も

「梨泰院クラス」ロケ地さんぽ

6 クルバム 21:00
原作者の居酒屋へはしご
꿀밤

ロケ地じゃないけど外せないのが、原作者チョ・クァンジン氏の運営する居酒屋。店の外も中も漫画のキャラがいっぱい。

🏠 용산구 이태원로27가길 45 ☎010-3291-1276
🕐15:00～22:00 無休 🚇地下鉄6号線梨泰院(630)駅1番出口から徒歩1分 @honeynight_itaewon

1,2. イラストのセロイたちが迎えてくれる
3. 料理対決の番組で挑んだタコスンドゥブチゲ2万4000W

最終回に出てきた羽根の壁画は、Jack's Barという店の外壁に描かれている

梨泰院はいただきましょう！

7 ジーゲストハウス 23:00
グンスの下宿に宿泊
G Guesthouse

グンスが住んでいた宿泊施設はゲストハウス。ツインから10人部屋まである。無料朝食付き。

🏠 용산구 보광로60길 14-38 ☎02-795-0015 IN14:00 OUT11:00 💴10人部屋1万7000W～ 🚇地下鉄6号線梨泰院(630)駅3番出口から徒歩4分 @gguest.com

1. 格安で宿泊できる
2. ルーフトップもある
3. 印象的な外観

セロイがグンスを慰めた公園

イソが「ディフェンス」した道

羽根の壁画

Netflix／『梨泰院クラス』→P.87

韓国ドラマ大好き♡
ソウル1DAYロケ地巡りで感動のシーンをプレイバック!

韓国ドラマの撮影はとにかく街なかロケが多い。
特にソウルの人気スポットは撮影地として高確率で登場。
訪れるだけで思い出のシーンがよみがえるドラマロケ地を1日で巡ろう!

TOTAL 約8時間

ソウルロケ地おさんぽ
TIME TABLE
- 11:00 ピョルマダン図書館
  ↓ 地下鉄約20分
- 12:00 アクレード
  ↓ 徒歩約3分
- 12:10 クイーンズパーク
  ↓ 徒歩約3分
- 12:20 ウルフギャング・ステーキハウス
  ↓ 地下鉄約20分
- 13:00 東大門デザインプラザ
  ↓ 地下鉄約15分
- 14:30 マダンフラワーカフェ
  ↓ 徒歩約9分
- 15:30 パルンチキン
  ↓ 地下鉄約20分
- 17:00 ビービーキューオリーブチキンカフェ
  ↓ 地下鉄約4分+徒歩約13分
- 18:30 スタンプコーヒー

1 世界一美しい図書館で待ち合わせ
ピョルマダン図書館
ピョルマダンドソグァン　별마당도서관

11:00　『青春の記録』

ヘジュンとジョンハが待ち合わせをした図書館。天井まで達する書棚は高さ13m。約5万冊の本が並んでいる。ライトアップが美しい。

どこかにヘジュンいないかな

三成洞　강남구 영동대로 513 スターフィールドコエックスモール内　☎02-6002-3031
⏰10:30～22:00　㊡無休　🚇地下鉄2号線三成(219)駅5・6番出口直結、9号線奉恩寺(929)駅7番出口直結

1. ピョルマダンは「星の庭」という意味
2. 図書館の入口にふたりがラテを飲んだカフェも。残念ながら2021年6月時点ではチョコレート店に変わっている

2 セリのジュエリーブティック
アクレード
acredo

12:00　『愛の不時着』P.86

セリの経営するブティックとして登場したのは、ドイツ生まれの有名ジュエリーブランド。

清潭洞　강남구 압구정로 410 🚇地下鉄盆唐線狎鷗亭ロデオ(K212)駅3番出口から徒歩10秒

「セリズチョイス」として外観が登場

3 パク・ボゴムが採用面接!
クイーンズパーク
queens park

『梨泰院クラス』P.87　**12:10**

スアがオープンしたレストランのシーンにパク・ボゴムがカメオ出演。イケメンすぎて後光がさす演出が話題に。

芸能人も訪れるおしゃれなカフェレストラン

清潭洞　강남구 압구정로60길 22　🚇地下鉄盆唐線狎鷗亭ロデオ(K212)駅3番出口から徒歩4分

4 セリのパパラッチ現場
ウルフギャングステーキハウス
Wolfgang's Steakhouse

12:20　『愛の不時着』P.86

日本にも店舗があるステーキレストラン。ドラマではW部分がスクリーンに加工されていた。

清潭洞　강남구 선릉로152길 21　🚇地下鉄盆唐線狎鷗亭ロデオ(K212)駅4番出口から徒歩7分

芸能人の彼との密会現場をパパラッチに撮られたシーンで登場

5 ファッションショー会場
東大門デザインプラザ(DPP)
トンデムンデザインプラザ　동대문디자인플라자

『青春の記録』　**13:00**

近未来感あふれるデザインの文化複合施設。実際にファッションショーの会場として使われることが多い。

いろんなドラマに登場するよ

ヘジュンとジョンハの出会いのシーン

東大門　중구 을지로 281　☎02-2153-0000　⏰10:00～22:00(施設により多少異なる)　㊡無休　🚇地下鉄2・4・5号線東大門歴史文化公園(205・422・536)駅1番出口直結

東大門デザインプラザは『星から来たあなた』(P.89)のロケ地で、放送後にセットが公開されたので見にいきました。(千葉県・スミ)

6 死神が歩くソウル最旬タウン
マダンフラワーカフェ　14:30
마당플라워카페

死神がすれ違う女性をサニーと見間違えてしまうシーンが撮影されたのは、人気タウンの益善洞。伝統家屋を改装したおしゃれな店が並ぶ。

益善洞 ♠종로구 수표로28길 33-12 ☎02-743-0724 ⏰10:00～22:00 休無休 📍地下鉄1・3・5号線鍾路3街（130・329・534）駅6番出口から徒歩5分

『トッケビ』P.88

生花店を併設したカフェ。細い路地に雰囲気のいいショップが並ぶ

7 ジニョクが胸の内を明かす
パルンチキン　15:30
바른치킨

ジニョクが母と食事にいった店。スヒャンへの思いを語るシーンに涙した人も多いはず。チキンを食べながら浸ってみよう。

鍾閣 ♠종로구 인사동3길 35 ☎02-722-7778 ⏰11:30～24:00 休日 📍地下鉄1号線鍾閣（131）駅3番出口から徒歩3分

『ボーイフレンド』

1.パク・ボゴムとソン・ヘギョのポスターが飾られている店内 2.フライドチキン1万6900W 3.人気のチキンチェーン

8 第五中隊をトリコにしたチキン
ビービーキューオリーブチキンカフェ　17:00
bb.q OLIVE CHICKEN cafe

日本にも上陸したチキンチェーン（P.49）は、ドラマに何度も登場。「ソウルに行ったら絶対食べる！」と心に誓った視聴者は多いはず。

梨大 ♠서대문구 이화여대5길 35 ☎02-363-4236 ⏰10:00～翌6:00 休日 📍地下鉄2号線梨大（241）駅1番出口から徒歩4分

『愛の不時着』P.86

1.隊員たちがのぞいていた梨大店。バイトしていたのは別の店舗で撮影 2.カフェスタイルで入りやすい 3.黄金オリーブチキン1万8000W

9 デートで行ったおしゃれカフェ
スタンプコーヒー　18:30
Stamp Coffee

カフェタウンとして知られる延南洞にある。腕を組みながら歩くジニョクとスヒャンが吸い寄せられるように入ったカフェ。

延南洞 ♠마포구 성미산로 161-7 ☎070-7726-8100 ⏰12:30～20:00 休無休 📍京義・中央・地下鉄2号線弘大入口（K314・239）駅3番出口から徒歩13分

『ボーイフレンド』

1.ふたりが座ったのは2階の窓際 2,3.ショーケースに並ぶスイーツを見てスヒャンも「おいしそう」とつぶやく

弘大入口駅から延南洞へ続くスッキル公園は『トッケビ』（P.88）3話でトッケビとウンタクが歩くシーンのロケ地。

人気スポットをまるっと☆
楽しい・かわいい・おいしい
はじめてのソウルツアー

ONF&AB6IX 推薦スポットも！

自粛中に韓国カルチャーにハマったみな さ〜ん。
自由に海外へ行ける日がきたら、ソウルへ行こう！と計画中の人も多いはず。
はじめてでもソウルの人気スポットを余すことなく巡る妄想トリップStart！

TOTAL 約16時間

ソウルおさんぽ
TIME TABLE

- 9:00 カフェオニオン
  ↓ 徒歩約10分
- 10:00 仁寺洞通りソウル韓服
  ↓ 徒歩約15分
- 11:00 景福宮
  ↓ 徒歩約5分
- 13:00 益善洞
  ↓ 地下鉄約20分
- 15:00 弘大
  ↓ 地下鉄約15分
- 16:30 明洞
  ↓ 徒歩約1分＋ケーブルカー約30分
- 18:00 Nソウルタワー
  ↓ タクシー約10分
- 20:00 クムテジ食堂
  ↓ タクシー約8分
- 21:30 東大門
  ↓ 徒歩約1分
- 24:00 スパレックス

1. 店内で焼くパン4000W〜が人気
2. 広い中庭を囲むような造り

ゆっくりできるね

1 フォトジェニックカフェで朝食
カフェオニオン 9:00
Cafe Onion

おしゃれカフェが多い韓国でも特に注目の一軒。韓屋を改装した伝統モダンスタイルが魅力的。焼きたてパンも絶品。

三清洞 ⌂鍾路区桂洞キル5 ☎070-7543-2123
⏰7:00〜22:00、土・日9:00〜 休無休 地下鉄3号線安国（328）駅5番出口から徒歩1分 @cafe.onion

韓国時代劇のヒロイン気分で散策。1日3回王宮守門将交代儀式がある

3 韓服着用で入場無料の王宮さんぽ
景福宮 11:00
キョンボックン　경복궁

李氏朝鮮時代の正宮。ソウル中心部とは思えない広大な敷地に歴史的な建造物が残されている。韓服を着用していると無料で入場できる。

仁寺洞 ⌂鍾路区社稷路 161 ☎02-7738-9171
⏰9:00〜18:00、6〜8月〜18:30、11〜2月9:00〜17:00（最終入場閉園1時間前）休火（祝日は開園）入場料3000W 地下鉄3号線景福宮（327）駅5番出口すぐ

2 韓服に着替えてお出かけ
仁寺洞通り 10:00
ソウル韓服
インサドンキルソウルハンボッ　인사동길서울한복

最高の映えショットを狙うなら韓服をレンタルしよう。韓服に合わせる小物やヘアアクセサリーもある。無料でヘアセットもしてくれる。

仁寺洞 ⌂鍾路区仁寺洞キル50-1 4F ☎02-720-8012 ⏰10:00〜20:00（※王宮夜間開場期間〜22:30）休無休 地下鉄3号線安国（328）駅6番出口から徒歩3分

パステルカラーを選びました

1. レンタル料金は2時間1万W〜
2. 日本語堪能なスタッフが韓服選びをサポート

4 最旬タウンでおしゃれ韓屋巡り
益善洞 13:00
イクソンドン　익선동

石畳の路地に約150軒もの韓屋が密集する。おしゃれなショップやカフェが続々とオープンして、人気エリアとして定着。

益善洞 地下1・3・5線鍾路3街（130・329・534）駅4番出口から徒歩1分

1. 細い通りにショップが並ぶ
2. かわいいスイーツの店も

5 学生街でショッピング三昧
弘大 15:00
ホンデ　홍대

大学が多く、若い人向けのショップが並ぶ学生タウン。韓国発のキャラショップやブランドを巡って。

弘大 京義・中央・地下鉄2号線弘大入口（K314・239）駅9番出口すぐ

Ryanです ボクたちに 会いにきて

1. 日本味上陸ブランドをチェック！
2. フォトゾーンいっぱいのカカオフレンズストア

カカオフレンズストアの中にあるカフェがおすすめ！私はアピーチのフラッペを食べました。（東京都・二葉）

6 明洞 ミョンドン 명동 16:30

ソウルいちの繁華街で遊ぼう

コスメショップやプチプラファッションがずらりと並ぶにぎやかタウン。夕方からはおやつ屋台も登場!

お買い物もグルメも楽しめるね

明洞 地下鉄4号線明洞(424)駅6番出口すぐ

コスメショップが並ぶ通りで屋台グルメも楽しめる

7 Nソウルタワー N Seoul Tower 18:00

ランドマークから絶景を堪能

南山の頂上に立つ高さ236mの電波塔。夜のライトアップと展望台からの景色は必見!

南山 龍山区 南山公園길 126 02-3455-9277、9288 10:00～22:00(最終入場21:30) 無休 展望台1万1000W 地下鉄4号線明洞(424)駅3番出口から徒歩10分、南山オルミ(無料エレベーター)経由南山ケーブルカー(片道1万W、往復1万3000W)降り場から徒歩1分

はじめてのソウルツアー

1. 骨付きサムギョプサル1人分1万6000W
2. 特製ネギソースにつけて

9 東大門 トンデムン 동대문 21:30

眠らない街で深夜のお買い物

アパレル系卸市場と巨大ファッションビルが共存するショッピングタウン。夜通し営業する店がほとんどで、深夜になると国内外のバイヤーが買いつけに訪れにぎわう。

東大門 地下鉄2・4・5号線東大門歴史文化公園(205・422・536)駅4番出口すぐ

ショーもみるよ

深夜が最もにぎわう不思議な街

デートスポットとして有名

8 クムテジ食堂 クムテジシッタン 금돼지식당 20:00

絶対食べたい本場の焼肉

ミシュランのビブグルマンにも選定されている厚切りサムギョプサルの人気店。弾力のある噛み応えと脂がのったジューシーな味わいが自慢。

新堂洞 中区 다산로 149 010-4484-8750 12:00～翌1:00、土・日12:00～15:00、16:00～24:00 無休 地下鉄3・6号線薬水(333・633)駅2番出口から徒歩3分

1. 一般客も買い物OK
2. アクセサリーだけを売るビルも

10 スパレクス Sparex 24:00

チムジルバンで疲れをリセット

古くからの美容健康法が体験できるチムジルバン。韓国版健康ランドのような施設で、低温サウナや浴場などを備えている。汗蒸幕やヨモギ蒸しで体の中からリフレッシュできる。

東大門 中区 장충단로 247 グッドモーニングシティB3～B4F 02-2118-4400 24時間 無休 入場料9000W(20:00～翌5:00は1万4000W) 地下鉄2・4・5号線東大門歴史文化公園(205・422・536)駅14番出口直結

じんわり汗が出る

遊び疲れもすっきり解消

眠らない街・東大門には24時間営業のレストランが多く、どんな時間でもいろんな料理が食べられる。

113

かんたん 韓国語会話

基本の単語

私
チョ/ナ
저/나 (ナ:親しい仲での言い方)

私たち
チョイ/ウリ
저희/우리 (우리:親しい仲での言い方)

あなた
タンシン/ノ
당신/너 (너:親しい仲での言い方)

女
ヨジャ
여자

男
ナムジャ
남자

友達
チング
친구

学生
ハクセン
학생

会社員
フェサウォン
회사원

日本人
イルボニン
일본인

韓国人
ハングギン
한국인

○○さん
シ
○○씨

いつ
オンジェ
언제

どこ
オディ
어디

誰
ヌグ
누구

何
ムォ
뭐

固有数詞

1	ハナ（ハン）	하나（한）
2	トゥル（トゥ）	둘（두）
3	セッ（セ）	셋（세）
4	ネッ（ネ）	넷（네）
5	タソッ	다섯
6	ヨソッ	여섯
7	イルゴブ	일곱
8	ヨドル	여덟
9	アホプ	아홉
10	ヨル	열

指さし単語

これ　イゴッ　이것
あれ　チョゴッ　저것

基本のフレーズ

はい
ネー
네

いいえ
アニョ
아니요

こんにちは
アンニョンハセヨ
안녕하세요

さようなら（その場を離れるとき）
アンニョンヒ ゲセヨ
안녕히 계세요

さようなら（その場に残るとき）
アンニョンヒ ガセヨ
안녕히 가세요

ありがとうございます
カムサハムニダ
감사합니다

ありがとう！
コマウォヨ！
고마워요!

すみませ〜ん（呼びかけ）
ヨギョー
여기요

ごめんなさい
ミアナムニダ
미안합니다

お願いします
プタカムニダ
부탁합니다

大丈夫です
クェンチャナヨ
괜찮아요

私は○○です
チョヌン ○○イムニダ
저는○○입니다

わかりません
モルゲッスムニダ
모르겠습니다

結構です
トゥエッソヨ
됐어요

お久しぶりです
オレンマニエヨ
오랜만이에요

また会いましょう
ト マンナヨ
또 만나요

レストランで使うフレーズ

（店員さんが）いらっしゃいませ
オソオセヨ
어서 오세요

ふたりです
トゥミョンイヨ
두명이요

注文お願いします
チュムナルケヨ
주문할게요

これは辛いですか？
イゴ メウォヨ？
이거 매워요?

○○をください
○○ジュセヨ
○○주세요

おいしいです
マシッソヨ
맛있어요

ごちそうさまでした
チャル モゴッスムニダ
잘 먹었습니다.

お会計お願いします
ケサネ ジュセヨ
계산해 주세요

店員さんとの会話に使えるフレーズ

日本に来て何年ですか？
イルボネ オシンチ オルマナ ドェセヨ
일본에 오신 지 얼마나 되세요?

日本語、上手ですね
イルボノ チャラネヨ
일본어 잘하네요

一緒に写真撮ってもいいですか？
カチ サジン チゴド ドゥェルッカヨ？
같이 사진 찍어도 될까요?

120

ドラマでよく聞くひと言！

お姉さん
オンニ／ヌナ
언니／누나
(언니: 女性が呼ぶとき)
(누나: 男性が呼ぶとき)

お兄さん
オッパ／ヒョン
오빠／형
(오빠: 女性が呼ぶとき)
(형: 男性が呼ぶとき)

お母さん
オモニ／オンマ
어머니／엄마
(엄마: ママに近い言い方)

お父さん
アボジ／アッパ
아버지／아빠
(아빠: パパに近い言い方)

(電話で) もしもし
ヨボセヨ
여보세요

本当に？マジ？
チンチャ？
진짜？

がんばれ！
ファイティン！
화이팅！

どうしよう
オットケ
어떡해

おい！
ヤー！
야！

あらまあ！
オモ！
어머！

そう！
クレ！
그래！

とっても
ノム
너무

わかった
アラッソ
알았어

なんとなく
クニャン
그냥

ちょっと待って
チャッカンマン
잠깐만

なんだって？
ムォラゴ？
뭐라고？

どうしてそうなの？
ウェ グレ？
왜 그래？

ありません
オプソヨ
없어요

行こう！
カジャ！
가자！

行かないで
カジマ
가지마

来た？
ワッソ？
왔어？

早く！
パリ！
빨리！

よくやった
チャレッソ
잘했어

会いたい
ポゴシポ
보고 싶어

インスタグラムで使えるハッシュタグ

#いいね
#チョアヨ
#좋아요

#いいね返し
#チョアヨバンサ
#좋아요반사

#フォローミー
#パロウミ
#팔로우미

#デイリールック
#テイリルク
#데일리룩

#日常
#イルサン
#일상

#食べスタグラム
モクスタグレム
#먹스타그램

#カフェスタグラム
#カペスタグレム
#카페스타그램

#ファッションスタグラム
#ペッションスタグレム
#패션스타그램

#ビューティスタグラム
#ピュティスタグレム
#뷰티스타그램

#デイリーメイクアップ
#テイルリメイクオブ
#데일리메이크업

#韓国旅行
#ハングクヨヘン
#한국여행

#○○年生まれ
#○○ニョンセン
#○○년생

知っておきたいコスメ韓国語

試供品もちゃんと使いたい！

ソウルでコスメを買うと、試供品をもらえることが多い。パッケージをしっかり確認してすぐお試し。気に入ったら即購入も！

세럼 (セロム)
美容液

견본품 (キョンボンプン)
見本品

증정용 (チュンジョンヨン)
贈呈用

크림 (クリム)
クリーム

마스크시트 (マスクシトゥ)
マスクシート

ためになる〜

コスメキーワード

비비크림 (ビビクリム)	BBクリーム
겔마스크 (ゲルマスク)	ジェルマスク
수면팩 (スミョンペッ)	スリーピングパック
필링 (ピリン)	ピーリング
아이크림 (アイクリム)	アイクリーム
클렌징 폼 (クレンジンポム)	クレンジングフォーム
토너 (トノ)	化粧水
에멀전 (エモルジョン)	乳液
세안제 (セアンジェ)	洗顔料
보습 (ポスッ)	保湿・潤い
탄력 (タルリョッ)	張り・弾力
미백 (ミベッ)	美白
화이트닝 (ファイトゥニン)	ホワイトニング
안티에이징 (アンティエイジン)	アンチエイジング

韓国料理図鑑

絶対食べた〜い韓国料理の代表的メニューをジャンルごとにご紹介。
たとえば豚肉といっても、部位や調理法によって呼び名はさまざま。
ここでちょっとお勉強して、いろんな韓国料理を楽しんで！

印は辛さの目安！

01 돼지고기 テジコギ 豚肉

韓国では牛より豚焼肉が人気で豚焼肉専門店も多い。たっぷり野菜と食べるのが定番

テジカルビ 돼지갈비
豚カルビ カルビといえば日本では牛がメジャーだが、韓国では牛より格安で人気が高い

サムギョプサル 삼겹살
豚バラ肉 厚めに切った豚バラ肉の焼肉。カリッと焼いた肉をハサミでひと口大に切って食べる

ポッサム 보쌈
ゆで豚の野菜包み ポッサム=包むという意味。ゆで豚をキムチと一緒に野菜で包んで食べる

テジプルコギ 돼지불고기
豚プルコギ 甘いたれに漬け込んだ豚焼肉。牛のプルコギとは違い味噌ベースのたれを使う

チョッパル 족발
豚足 豚足を醤油ベースのたれで煮込んだ料理。コラーゲンたっぷりで美肌効果も♡

02 소고기 ソコギ 牛肉

カルビや甘辛プルコギは日本人に人気。高級肉の「韓牛」もぜひ試したい一品

センカルビ 생갈비
生カルビ たれに漬け込んでいない生カルビは、肉本来の味わいを楽しめる

ソカルビ 소갈비
牛カルビ 牛のあばら肉をたれに漬け込んだもの。味つけなしをセン（=生）カルビという

プルコギ 불고기
牛プルコギ 果物や野菜を加えた醤油ベースの甘いたれに漬け込んだ韓国風すき焼き

アンシム 안심
牛ヒレ 牛全体から少ししか取れない貴重なヒレ肉。やわらかくて脂肪が少なく淡泊な味

ドゥンシム 등심
牛ロース 脂身が少なめのロース肉。たれを付けず、塩を振って焼いたものが韓国では人気

03 닭고기 タッコギ 鶏肉

韓国では、骨ごと調理されることが多い鶏料理。辛くて濃厚な味つけは鶏の味を引き立てる

タッカルビ 닭갈비
鶏カルビ 鶏のムネ肉とモモ肉をたれに漬けて野菜と一緒に鉄板や石鍋で炒める

チムタク 찜닭
蒸し鶏の煮込み ぶつ切りにした鶏と野菜、春雨を甘辛醤油で味つけした煮込み料理

プルタク 불닭
鶏の唐辛子炒め チョンヤンコチュと呼ばれる特別に辛い唐辛子で味つけして焼いた鶏料理

04 해물 ヘムル 海鮮

三方を海に囲まれた韓国は海産物が豊富。刺身や鍋、炒め物など、海鮮料理もバリエ豊か

カンジャンケジャン 간장게장
カニの醤油漬け ニンニクなどが入った醤油に、生のカニを漬け込んだもの。ご飯にぴったり

ナッチポックン 낙지볶음
タコの唐辛子炒め タコを唐辛子と一緒に炒めた辛い料理。ご飯に混ぜるか麺類と一緒に食べる

サンナッチ 산낙지
活ダコ タコを生きたまま細かく刻み、ゴマ油と塩を付けて食べる、いわゆる踊り食い

オジンオプルコギ 오징어불고기
イカプルコギ 味つけしたイカを豆モヤシやセリと一緒に炒めたもの。辛さがあとを引く

チョゲクイ 조개구이
貝焼き 数種類の貝を網焼きにして、コチュジャンなどを付けて食べるシンプル料理

05 탕 & 찌개 タン＆チゲ スープ＆鍋

食事に欠かせないスープ料理はタン（スープ）やチゲ（鍋）など数種あり、素材も味つけもさまざま

サムゲタン 삼계탕
参鶏湯 鶏のおなかに高麗人参やナツメなどを入れて、水炊きにした滋養強壮のスープ

キムチチゲ 김치찌개
キムチ鍋 酸味のある白菜キムチがたっぷり入った鍋。肉や野菜もいろいろ入る

カムジャタン 감자탕
ジャガイモ鍋 豚の背骨とジャガイモを、ネギや生姜などと一緒に煮込んだ鍋

スンドゥブチゲ 순두부찌개
おぼろ豆腐鍋 辛いスープにお豆腐をたっぷりと入れ、魚介類などと一緒に煮た鍋

プデチゲ 부대찌개
部隊鍋 ビーンズやソーセージ、インスタントラーメンなど、身近な材料を何でも入れる鍋

タッカンマリ 닭한마리
鶏の水炊き 直訳すると鶏一羽という意味で、鶏をまるごと煮てハサミで切ってたれに付けて食べる

コムタン 곰탕
牛スープ 牛骨やテールを煮込んだスープ。韓国では、ご飯を入れて食べる習慣がある

プゴクッ 북어국
干しダラのスープ 干したタラからていねいに取ったスープ。二日酔いのときによく食べるとか

ヘムルタン 해물탕
海鮮鍋 ヘムルは魚介類のこと。エビや魚、ホタテ、タコなどを辛いスープで煮込んだ鍋

06 밥&죽
パッ&チュク
飯&粥

韓国でも主食はお米。ご飯（パッ）は鍋料理のシメにも食べられ、チュク（粥）はポピュラーな朝食

キムパッ 김밥
海苔巻き 日本のものより細めで、具はキムチ、ナムル、ハム、たくあんなど。ゴマ油が効いている

ビビンバ 비빔밥
ご飯 豆モヤシやホウレン草などのナムルをご飯に混ぜながら食べる

ジョンボッチュッ 전복죽
アワビ粥 栄養満点の健康メニュー。アワビをゴマ油でサッと炒めて粥に入れる

07 면
ミョン
麺

本場の冷麺やうどんに似たククスなど、麺の種類も豊富。専門店で召し上がれ

ネンミョン 냉면
冷麺 ジャガイモのでんぷんからできている麺を牛だしの冷たいスープでいただく

ビビンネンミョン 비빔냉면
汁なし冷麺 唐辛子やニンニクなどが入った甘辛〜いたれで、麺、キュウリ、肉などとあえていただく

チャジャンミョン 짜장면
ジャジャン麺 中国のジャージャー麺とは違う、黒味噌の効いた甘いたれが特徴

カルグクス 칼국수
韓国式うどん 小麦粉をこねて、カル＝包丁で切った麺を鶏ダシのスープで。ワンタン入りなども

キムチマリククス 김치말이국수
水キムチ麺 キムチ入りの冷たい麺。辛さと酸味がいい感じ。韓国では冬にもよく食べられる

08 밑반찬
ミッパンチャン
おかず

サイドメニューや付け合わせ、お酒のおつまみなど、人気の定番メニューをまとめて紹介！

トッポッキ 떡볶이
トッポッキ トッ＝棒状の餅をコチュジャンなどで料理。屋台の代表的なメニュー

ヘムルパジョン 해물파전
海鮮チヂミ ヘムル＝海鮮のパジョン＝お好み焼き。日本ではチヂミとしておなじみ

マンドゥ 만두
餃子 小麦粉の皮でひき肉や野菜を包んだ餃子。蒸したものにたれを付けていただく

ケランチム 계란찜
卵蒸し 土鍋に卵とだしを合わせて入れ、刻み野菜を加えて蒸した韓国風茶碗蒸し

チャプチェ 잡채
春雨炒め 野菜やキノコ、牛肉などを春雨と混ぜ合わせた料理。ゴマ油が効いている

スンドゥブ 순두부
スンドゥブ おぼろ豆腐を煮た湯豆腐に似た料理。薬味と醤油で食べるシンプルなもの

ペチュキムチ 배추김치
白菜キムチ 最もポピュラーな白菜のキムチ。浅漬けから古漬けまで、味もさまざま

ナムル 나물
ナムル モヤシやホウレン草、ワラビなどを塩ゆでし、調味料とゴマ油であえたもの

パチェ 파채
ネギサラダ 韓国ではよく見かける白髪ネギをたれであえたサラダ。肉料理によく合う

飲食単語

ビール	맥주	メッチュ
焼酎	소주	ソジュ
マッコリ	막걸리	マッコリ
お茶	차	チャ
水	물	ムル
コーヒー	커피	コピ
ご飯	밥	パッ
砂糖	설탕	ソルタン
塩	소금	ソグム
コチュジャン	고추장	コチュジャン

いただきます！
잘 먹겠습니다！
チャルモッケッスムニダ

出発前にチェック！

東京交通ガイド&韓国雑学Q&A

🗼 便利な東京交通情報

01 お得なきっぷBest3

鉄道での移動に使える9種類ほどのお得なきっぷのなかでも、おすすめがこちら！
※ICカードときっぷでは運賃が異なります。

Best1 東京メトロ・都営地下鉄 共通一日乗車券 900円

東京メトロ初乗り170円を6回、都営地下鉄なら初乗り180円を5回利用すれば元が取れる。

都心部の観光の移動に一番便利な地下鉄（東京メトロと都営地下鉄）が一日乗り放題のきっぷ。当日券は自動券売機で買える。

Best2 都区内パス 760円

JRの初乗りは140円。東京〜西荻窪の往復で元が取れる！

東京23区内のJR普通列車（快速含む）の普通車自由席が一日乗り放題に。あらかじめ乗車区間が決まっていて、60分以上に上手に利用したい。中央線で東京23区外のエリアを訪れる場合は、乗り越し精算に注意を。

Best3 東京メトロ24時間券 600円

東京メトロの初乗りは170円。4回利用すれば元が取れる。

東京メトロが使用開始から24時間乗り放題に。東京到着が午後の場合などに最適。沿線施設で割引などがある「ちかとく」(URL chikatoku.enjoytokyo.jp/)を「東京メトロ・都営地下鉄 共通一日乗車券」と同様に利用可能。

02 お役立ちTravel Tips

覚えておこう！東京での移動の際に安心&お得な情報がこの5つ。

慣れると便利！

☑ **東京メトロのお得な「のりかえ」**

都心の駅では、いったん改札を出て別の東京メトロの路線へ乗り換える場合、60分までの外出が可能！（ICカード乗車券でもきっぷでもOK）ただし、きっぷや回数券で乗り換えをするときはオレンジ色の「のりかえ専用改札機」を使用することを忘れずに。

☑ **階段を利用する前に「案内サイン」をチェック**

駅の同じホームからの移動でも、利用する階段&通路を間違えると、遠く離れた違う場所にたどり着いてしまうことも。次に乗りたい路線名や利用したい出口番号を「案内サイン」で必ず確認してから階段へ。

☑ **乗降客数の多い駅「トップ10」では注意を**

都内で乗降客数の多い駅（編集部調べ）は次の顔ぶれ。第1位新宿、第2位池袋、第3位東京。続く新橋、高田馬場、上野、渋谷、有楽町、品川、四ツ谷までがトップ10。これらの駅での通勤ラッシュ時間帯の利用には注意を。特に大きな荷物を持っての移動は気をつけて。

☑ **都営バスは「均一料金の先払い」で安心**

都内主要エリアをカバーする都民の足・都営バス。東京23区内では前方ドアから乗車したら均一料金210円を「先払い」。もちろん交通系ICカードも利用可能。気軽に利用してみよう。

☑ **同じ駅名でも離れていて、違う駅名でも近い駅！**

☆乗り換え要注意の駅

同じ駅名でも乗り換えるのに時間がかかるのが浅草、早稲田、渋谷など。渋谷の銀座線と副都心線の高低差はビル約8階分も！

浅草（つくばエクスプレス）	徒歩7〜8分	浅草（地下鉄銀座線・浅草線、東武線）
早稲田（地下鉄東西線）	徒歩10分	早稲田（都電荒川線）
渋谷（地下鉄銀座線）	高低差、ビル8階分	渋谷（地下鉄副都心線）

☆乗り換え最強の駅

駅名は違うけれど、迅速に乗り換えられるのが右記の駅。ほかにJR千駄ヶ谷と地下鉄国立競技場、JR田町と地下鉄三田などの駅が乗り換えに便利。

原宿（JR山手線）	徒歩すぐ	明治神宮前（原宿）（地下鉄千代田線・副都心線）
浜松町（JR山手線）	徒歩すぐ	大門（地下鉄浅草線・大江戸線）
有楽町（JR山手線、東京メトロ有楽町線）	徒歩5分	日比谷（地下鉄大江戸線、ゆりかもめ）

03 おもしろRailway Info

知っていると会話のネタになりそうな、トリビア&知っ得ネタをお届け！

☑ **JR山手線は、ぐるっと1周約1時間！**

時計回りに走る電車が外回り、反時計回りが内回り。アナウンスの声で識別することもでき、外回りは男性、内回りが女性。

☑ **地下鉄の一番深〜い駅は大江戸線の六本木駅！**

ホームが地下42.3mにあり、日本で一番深い場所にある。また、最も地上から高い駅は日比谷線の北千住駅で14.4m。

☑ **地下鉄のホームの柱にある「のりかえ便利マップ」を活用！**

どの車両に乗れば、乗り換えが便利か、エスカレーターが近いか、ひと目でわかる優れもの。

☑ **一度は聴いてみたいご当地"駅メロ"はここ！**

エレファントカシマシゆかりの地、JR赤羽駅では5番線で『俺たちの明日』、6番線で『今宵の月のように』。地下鉄日比谷線の秋葉原駅では、AKB48『恋するフォーチュンクッキー』が発車メロディに。

☑ **地下鉄の路線カラーは海外由来のものもあり！**

銀座線は、ベルリンの地下鉄の車体を模範にした明るい黄色（オレンジ）。丸ノ内線の赤は、丸ノ内線の建設調査でロンドンを訪れた際に出合ったタバコの箱の色に由来。

東京で荷物を預けるときは「コインロッカーなび」というサイトが便利。近くのコインロッカーが見つかります。（大阪府・あらん）

124

限られた滞在時間で東京を満喫するには、お得に効率よく移動するのが肝心。
さらに韓国の知識を深めておけば、行く先々で楽しさも倍増！

空港から都内へのアクセス

主要駅へはこのルートが早い

東京の空の玄関口、羽田空港と成田空港から観光のメインステーションへはこのルートを選べばスピーディに移動できる。移動手段を賢くチョイスして旅をスタート！

成田空港
- 京成特急スカイライナー → 京成上野駅
  約45分 1270円+指定席1250円
- JR成田エクスプレス → 東京駅
  約60分 1340円+特急料金1530〜1930円

羽田空港
- 京急線（快特）→ JR → 東京駅
  約30分 470円
- 京急線（快特）→ JR → 渋谷駅
  約30分 470円
- 京急線（快特）→ JR → 新宿駅
  約35分 500円

最安&最ラクな移動方法

なんといっても高速バスが一番ラク。重い荷物を持って、電車の乗り換えに四苦八苦することもないし、大きな荷物は預けて楽々乗車。座席定員制なので必ず座れるのも◎。成田空港から東京駅への移動最安値は、エアポートバス東京・成田（TYO-NRT）で運賃1300円（早朝・深夜便2600円／車両によりトイレ完備）。羽田空港発着便ももちろん運行。ただし渋滞には注意。

韓国のコトも知りたい！ 雑学Q&A

東京で韓国を楽しむなら、基本的なことはおさえておきたい。出会った韓国人とも話がはずむし、もっと好きになるはず！

Q 韓国はどこにあるの？
A 日本のすぐ隣。東京からは飛行機で約1時間30分。実は東京から名古屋より、福岡から韓国（釜山）のほうが距離的には近い！

Q 韓国と日本、どっちが大きい？
A 韓国の面積は日本の約1/4。でも、人口は日本が約2.4倍だから、人口密度は日本よりもギューギュー。

Q 物価は東京とどっちが高い？

A 韓国の通貨はウォンで1000W＝約98円（2021年6月時点）。物価は東京とほとんど変わらない。ただし、ホテル、タクシー、ビールは日本よりも安い。

Q 韓国の祝日とおもしろいイベントを教えて！
A **まずは祝日** 正月は1月1日の新正月と2月の旧正月（ソルラル／2022年は2月1日）。大型連休は秋夕（チュソク）で当日（2022年は9月10日）を挟んで9〜11日が連休に。韓国ではソルラルとチュソクが代表的な名節。
次におもしろいイベント バレンタインデイ、ホワイトデイに続いて、4月14日は恋人のいない男女が黒い服を着てジャージャー麺を食べるブラックデイ、11月11日はポッキーのようなお菓子ペペロを贈り合って食べるペペロデイ。ほかに、日本の「土用の丑の日」にあたる伏日（ポンナル）には、ウナギではなく参鶏湯を食べて夏バテ防止。初伏、中伏、末伏の3度あり2022年は7月16日、26日、8月15日。

1 ポッキーにそっくりなペペロは国民的お菓子
2 真っ黒いソースがかかったジャージャー麺 3 日本でも暑い日は参鶏湯で暑気払い！

口が黒くなるよ〜

Q ドラマで知った梨泰院てどんなところ？
A 梨泰院はソウル特別市にある繁華街で、明洞から地下鉄で約15分。外国人も多く日本の六本木のようなイメージ。最近では周辺の経理団通りや漢南洞にもおしゃれな店が増え注目のエリア。

夢がかなう街！
『梨泰院クラス』→ P.87,108

Q 韓国語って難しい？
A 日本語と語順が同じだったり、似た単語も多いから、それほど難しくないはず。かんたん韓国語会話（P.120）から覚えてみて！

Q 韓国コスメはなぜ人気なの？
A ブランド数が多く各社切磋琢磨して新作を発表するから、高品質で低価格。また、女優やK-POPアイドルがプチプラコスメを使用してSNSにアップするのも人気の秘密。

ナムジャアイドルにも人気のコスメ

Q 韓国人と友達になりたい！
A SNSで共通の趣味をもっている人がいたら気軽に話しかけてみては？ ただし、韓国は儒教の教えのもとに上下関係や年長者を大切にしているから、年上にタメ口はNG。気をつけて！

Q 韓国人のモッパン（食べる〈モグヌン〉と放送〈パンソン〉を略した造語）。おもしろいけど音をたてて食べるのはOK？

A OK！ ただし、麺とスープをすする音はマナー違反だとか。

Q 兵役って何？
A すべての成人男性が一定期間軍隊に入り、国防の義務を果たすこと。免除される理由がない限り、アイドルなど芸能人も入隊。

韓国観光公社のSNSでは韓国や日本国内での最新情報を日々アップデート中！ japanese.visitkorea.or.kr

index
ブチぼうけんプランで紹介した物件

食べる

	名称	エリア	ページ	MAP
ア	赤坂一龍別館 アカサカイチリュウベッカン	赤坂	106	119-B2
	クリチブルダンジンオイカ・龍記(もみじ)専門店 クリチブルダンジンオイカ・クイック(モミジ)センモンテン	新大久保	25・55	117-A1
	Oh！キッチンN オーキッチンエン	新大久保	24・53・57	117-A1
カ	cafe ON カフェオン	新大久保	25・55	117-A1
	カフェドケイブ	新大久保	23	117-A1
	Cafe de paris カフェドパリ	新宿	46	117-B1
	cafe yolum カフェヨルム	原宿	39	118-A2
	カンホドン678チキン	新大久保	49・55	117-A1
	Kiss berry キスベリー	新大久保	25・42・46	117-A1
	COOING クイン	原宿	42・44	118-A2
	Goobne グッネ	新大久保	48・54	117-A2
	グレイス麻布十番 グレイスアザブジュウバン	麻布十番	14・107	119-C2
	K-TOWN原宿 ケイタウンハラジュク	原宿	43・44・46・100	118-A2
	コサム冷麺専門店 コサムレイメンセンモンテン	新大久保	57	117-A1
サ	妻家房四谷本店 サイカボウヨツヤホンテン	四ツ谷	105	116-B1
	Salon de Louis サロンドルイ	表参道	30・43・44・47	118-A2
	Salon de Louis Jewelry Café サロンドルイジュエリーカフェ	代官山	30・44・47・54・55	118-C1
	市場タッカルビ シジャンタッカルビ	新大久保	49・56	117-A2
	市場タッカルビ & BBQ Chicken シジャンタッカルビビビーコーユーチキン	新大久保	48・54・55	117-A1
	ジョン/ホルモン物語 ジョン/ホルモンモノガタリ	新大久保	52・56	117-A1
	人生酒場 ジンセイサカバ	新大久保	24・57	117-A1
	水刺斎 スランジェ	渋谷	101	118-B1
	セマウル食堂 セマウルショクドウ	新大久保	51	117-A2
	Seoul cafe ソウルカフェ	新大久保	43・45	117-A2
	ソウルティラミス	新大久保	44・46・47・54	117-A2
	ソジュハンザン	新大久保	50・53	117-A2
	ソジュハンザン029 ソジュハンザンオニク	新大久保	25・56	117-A2
タ	CHICKEN TIME Soul food チキンタイムソウルフード	渋谷	49	118-B1
	2D Cafe ツーディーカフェ	新大久保	31・44・47	117-A1
	TIG CAFE ティーアイジーカフェ	錦糸町	38	115-A4
	ティーセラピー東京店 絵舞遊 ティーセラピートウキョウテンエマイユウ	町田	83	114-C1
	テジョンデ	新大久保	53	117-A1
	東京純豆腐新宿東口店 トウキョウスンドゥブシンジュクヒガシグチテン	新宿	56	117-B1
	Dolce MARIRISA ドルチェマリリッサ	表参道	47	118-A2
	とんちゃん新大久保別館	新大久保	51・56	117-A1
	とんちゃん＋ トンチャンプラス	新大久保	50・56	117-A1
ナ	NAMCHINI82 CAFE ナムチニハニーカフェ	新大久保	25	117-A1
	nui box ヌイボックス	新宿御苑	105	117-B2
	NENE CHICKEN ネネチキン	新大久保	49・54・55	117-A2
	ノランナ	新大久保	25・44・46・47	117-A2
	NERDY CAFE ノルディカフェ	原宿	31・47・101	118-A2
ハ	ハナムデジマジッ	新大久保	51・57	117-A2
	HARU CAFE+BAR ハルカフェアンドバー	新大久保	25・43	117-A2
	PALLET46 パレット46	新大久保	52・54	117-A2
	韓サラン ハンサラン	新大久保	51・56	117-A2
	韓花 ハンファ	新宿	56・57・104	117-B1
	bb・q OLIVE CHICKEN cafe ビービーキューオリーブチキンカフェ	大鳥居	49	115-C3
	ビョルジャン	新大久保	24・53・55・57	117-A1
	兄夫食堂 ヒョンブシクドウ	新大久保	106	119-B2
	HIROMAN'S COFFEE ヒロマンズコーヒー	原宿	103	118-A2
	ブロカンジャンケジャン	赤坂	106	119-B2
マ	HOICHA ホイチャ	新大久保	43・46・54	117-A1
	HOMIBING ホミビン	新大久保	43・45	117-A1
	本家 ポンガ	新大久保	52	117-A1
	MACAPRESSO マカプレッソ	新大久保	25・42	117-A1
	mamaron Tokyo ママロントウキョウ	新大久保	42	117-A1
	まもなく釜山駅 マモナクプサンエキ	新大久保	14	117-A1
	明洞のり巻 ミョンドンノリマキ	新大久保	57	117-A1
ヤ	YAKUYAKU食堂 ヤクヤクショクドウ	新宿	52	117-B1
	やねべや	新大久保	24・56	117-A2
	山本牛臓麻布十番店 ヤマモトギュウゾウアザブジュウバンテン	麻布十番	57・107	119-C2
	ヤンビンヘジャンク	新大久保	56	117-A1
	ヨブの王豚塩焼 ヨブノオウブタシオヤキ	新大久保	50・54・57	117-A2
ラ	レッドロック原宿店	原宿	103	118-A2
	恋愛術師 レンアイジュッシ	新大久保	22	117-A1

買う

	名称	エリア	ページ	MAP
ア	Ancci Brush アンシブラシ	新大久保	77	117-A1
	17kg イチナナキログラム	原宿	67	118-A1
	innisfree イニスフリー	表参道	77・78・80・101	118-A1
	IMADA MARKET イマダマーケット	渋谷	69	118-B1
	IN BUTTER インバター	新大久保	21	117-A1
	A'GEM/9 エイジェムナイン	渋谷	69	118-B1
	ALAND TOKYO エーランドトウキョウ	渋谷	64・101	118-B1
	ETUDE HOUSE エチュードハウス	原宿	26・27・77・78・79・80・100	118-A1
カ	カフェクレープ ラフォーレ原宿ショップ	原宿	103	118-A1
	韓国広場 カンコクヒロバ	新大久保	77	117-A1
	元祖ジャンノハットグ＆ホットック ガンジョジャンノハットグ ホットック	新大久保	54	117-A2
	共栄 キョウエイ	上野	107	119-A2
	CREE'MARE クレマリ	新宿	76・77・79・81・82	117-B1
サ	雑貨屋PKP ザッカヤピーケイピー	高円寺	70	114-A2
	SAINT LAURENT表参道 サンローランオモテサンドウ	表参道	102	118-A2
	SHIBUYA109 シブヤイチマルキュー	渋谷	97・101	118-B1
	渋谷モディ	渋谷	101	118-B1
	SKINGARDEN スキンガーデン	新大久保	26・76・78・79・81・82	117-A1
	スキンホリック	新大久保	23	117-A1
	STYLENANDA スタイルナンダ	原宿	67・100	118-A1
	3CE スリーシーイー	原宿	77・78・79・80	118-A1
	ソウル市場 ソウルイチバ	新大久保	58	117-A1
	瑞山物産 ソサンブッサン	赤坂	106	119-B2
	Somsatang ソムサタン	松陰神社前	71	114-A2
タ	第一物産 ダイイチブッサン	上野	107	119-A2
	タワーレコード渋谷店	渋谷	97・101	118-B1
	チェッコリ	神保町	72	116-B2
	ㅊa (Cha Aoyama) チャ (チャアオヤマ)	表参道	43・44・47	118-B2
	チョンガーネ	新大久保	23	117-A1
	DHOILIC ディーホリック	原宿	66	117-A1
	depound ディパウンド	代官山	67・71	118-C1
	東急プラザ 表参道原宿 トウキュウプラザオモテサンドウハラジュク	原宿	102	118-A1
	.KOM ドットコム	渋谷	69	118-B1
ナ	Never mind the XU ネヴァーマインドザエックスユー	渋谷	69	118-A1
	NERDY ノルディ	原宿	68・101	118-A2
ハ	HAPPY EGG ハッピーエッグ	新大久保	54	117-A2
	韓流ショップモイザ ハンリュウショップモイザ	新大久保	21	117-A2
	PLAZA プラザ	—	27・76・77・78・79・81・82	—
	PLAC by placebo プラックバイプラセボ	新大久保	21	117-A1

	名称	エリア	ページ	MAP
▶	PLAC by placebo Shoes プラックバイプラセボシューズ	新大久保	21	**117-A2**
	Berry Kiss ベリーキス	渋谷	46	**118-B1**
▶	POP SKIN ポップスキン	新大久保	21	**117-A2**
	ポポホットク ポポホットク	新大久保	54	**117-A1**
マ	ME'VE the store ミーヴザストア	原宿	66	**118-A1**
ラ	LINE FRIENDS FLAGSHIP STORE 原宿 ラインフレンズフラッグシップストアハラジュク	原宿	103	**118-A2**
▶	lattencos ラテアンドコス	新大久保	20・43・44・76・81	**117-A1**
▶	lattendaily ラテアンドデイリー	新大久保	20・44	**117-A1**
	ラフォーレ原宿	原宿	100	**118-A1**
	ルミネエスト新宿	新宿	104	**117-B1**

✦ キレイになる ✦

	名称	エリア	ページ	MAP
カ	GUNHEE TOKYO ゴニトウキョウ	表参道	28	**118-A2**
サ	ザ・プラス美容外科	代官山	84	**118-C1**
ハ	BN Esthetic & Spa ビーエヌエステティック&スパ	新大久保	84	**117-A1**
	BN NAIL ビーエヌネイル	新大久保	84	**117-A1**
▶	HEALHAIR高田馬場店 ヒールヘアタカダノババテン	高田馬場	29	**116-A1**
ラ	ルビーパレス	新大久保	84	**117-A2**

見どころ・エンターテインメント・ホテル

	名称	エリア	ページ	MAP
ア	aah！education アーエデュケーション	神田	40	**116-B2**
	いんくんの料理教室	岩本町	34	**116-B2**
	人生4カット インセンネッコ	新大久保	22	**117-A1**
	En STUDIO エンスタジオ	渋谷	32	**118-B1**
	表参道 オモテサンドウ	表参道	102	**118-A2**
カ	cookie fandom クッキーファンダム	—	39	—
▶	CLASS101 クラスイチマルイチ	—	37	—
サ	THE TOKYO MOBILITY GALLERY Canvas ザトウキョウモビリティギャラリーキャンバス	—	15	—
▶	SHOWBOX ショーボックス	新大久保	23	**117-A1**
	神宮前歩道橋 シングウマエホドウキョウ	表参道	102	**118-A2**
	神小通り ジンショウドオリ	表参道	102	**118-A2**
	SPECIAL1 ENTERTAINMENT ACADEMY スペシャルワンエンターテインメントアカデミー	中目黒	15	**116-C1**
▶	Sepurish セプリッシュ	新大久保	22	**117-A2**
▶	Cen DIVERSITY HOTEL & CAFE センダイバーシティホテル&カフェ	新大久保	23	**117-A1**
タ	ダンススクール音屋 ダンススクールオトヤ	東中野	33	**116-A1**
	駐日韓国文化院 チュウニチカンコクブンカイン	四ツ谷	105	**116-B1**
	CHOA ONNI チョアオンニ	原宿	100	**118-A1**
▶	TONCHANG Luxury Karaoke トンチャンラグジュアリーカラオケ	新大久保	23	**117-A2**
ハ ▶	韓服体験OMOIDE ハンボクタイケンオモイデ	新大久保	22	**117-A1**

✦ コスメブランド ✦

	名称	ページ
ア	A'pieu アピュー	78・79
	UNLEASHIA アンリシア	78・79・82
	EQQUALBERRY イクォルベリー	82
	eSpoir エスポワール	77・79
カ	KUMO クモ	82
	CLIO クリオ	26・27・78
	Klairs クレアス	76
	dasique デイジーク	79
	too cool for school トゥークールフォースクール	77
	23 years old トゥエンティスリーイヤーズオールド	76
	Dr.Jart+ ドクタージャルト	76・77
ナ	NUNI BUSHER ヌニブッシャー	77
ハ	Purplish パープリッシュ	77
	Bbia ビア	79
	beplain ビープレーン	76
	VT ブイティ	76
	Flynn フリン	79
	BEIGIC ベージック	76・82
	HERA ヘラ	77
	peripera ペリペラ	78
マ	魔女工場 マジョコウジョウ	82
	MISSHA ミシャ	79
	MEDIHEAL メディヒール	76
	moremo モレモ	82
ラ	LAKA ラカ	82
	LANEIGE ラネージュ	76・77・78・82
	rom&nd ロムアンド	27・78・79

韓国ソウル

	名称	エリア	ページ
ア	アクレード	清潭洞	110
	益善洞 イクソンドン	益善洞	112
	仁寺洞通りソウル韓服 インサドンキルソウルハンボク	仁寺洞	112
	ウルフギャング・ステーキハウス	清潭洞	110
	SMTOWN & STORE@DDP エスエムタウンアンドストア@ディーディーピー	東大門	98
	Nソウルタワー エヌソウルタワー	南山	113
	オリオール	梨泰院	108
カ	カフェオニオン	三清洞	112
	景福宮 キョンボックン	景福宮	112
	クイーンズパーク	清潭洞	110
	クムテジ食堂 クムテジシッタン	新堂洞	113
	クルバム	梨泰院	109
サ	the Same E ザセイム	合井	98
	ザ・フィネスト	梨泰院	108
	ジーゲストハウス	梨泰院	109
	スアの家	梨泰院	108
	スタンプコーヒー	延南洞	111
	スパレクス	東大門	113
	SOULCUP ソウルカップ	蚕室	98
	ソウルバム	梨泰院	109
タ	東大門 トンデムン	東大門	113
	東大門デザインプラザ（DDP） トンデムンデザインプラザ	東大門	110
	緑莎坪歩道橋 ノクサピョンボドユッキョ	梨泰院	109
ハ	HYBE INSIGHT ハイブインサイト	龍山	98
	バルンチキン パルンチキン	鐘閣	111
	ビービーキューオリーブチキンカフェ	梨大	111
	ビョルマダン図書館 ビョルマダントソグァン	三成洞	110
	弘大 ホンデ	弘大	112
マ	マダンフラワーカフェ	益善洞	111
	明洞 ミョンドン	明洞	113

STAFF

Producer
日隈理絵

Editors & Writers
井上香菜美、栄さおり、岡村まみ、平 麻由子

Photographers
岡村まみ、中嶋一恵（韓国）

Designers
上原由莉、竹口由希子、丸山雄一郎

Coordinator
中嶋一恵（韓国）

Illustration
赤江橋洋子、TAMMY、みよこみよこ

Maps
株式会社アトリエ・プラン

Illustration map
みよこみよこ

Proofreading
鎌倉オフィス

Special Thanks to
駐日韓国文化院、東京メトロ、東京都交通局、JR東日本、© iStock

この地図の制作にあたっては、インクリメント・ピー株式会社の地図データベースを使用しました。
©2020 INCREMENT P CORPORATION & CHIRI GEOGRAPHIC INFORMATION SERVICE CO., LTD.

地球の歩き方 aruco 東京で楽しむ韓国
2021年8月3日 初版第1刷発行

著作編集	地球の歩き方編集室
発行人・編集人	新井邦弘
発行所	株式会社地球の歩き方 〒141-8425 東京都品川区西五反田2-11-8
発売元	株式会社学研プラス 〒141-8415 東京都品川区西五反田2-11-8
印刷製本	株式会社ダイヤモンド・グラフィック社

※本書は2021年3〜5月の取材に基づいていますが、営業時間と定休日は通常時のデータです。新型コロナウイルス感染症対策の影響で、大きく変わる可能性もありますので、最新情報は各施設のウェブサイトやSNS等でご確認ください。また特記がない限り、掲載料金は消費税込みの総額表示です。

更新・訂正情報：https://book.arukikata.co.jp/support/

■本書の内容について、ご意見・ご感想はこちらまで
〒141-8425 東京都品川区西五反田2-11-8
株式会社地球の歩き方
地球の歩き方サービスデスク「aruco 東京で楽しむ韓国」投稿係
URL https://www.arukikata.co.jp/guidebook/toukou.html
地球の歩き方ホームページ（海外・国内旅行の総合情報）
URL https://www.arukikata.co.jp/
ガイドブック『地球の歩き方』公式サイト
URL https://www.arukikata.co.jp/guidebook/

■この本に関する各種お問い合わせ先
・本の内容については、下記サイトのお問い合わせフォームよりお願いします。
URL https://www.arukikata.co.jp/guidebook/toukou.html
・広告については Tel ▶ 03-6431-1008（広告部）
・在庫については Tel ▶ 03-6431-1250（販売部）
・不良品（乱丁、落丁）については Tel ▶ 0570-000577
学研業務センター 〒354-0045 埼玉県入間郡三芳町上富279-1
・上記以外のお問い合わせ Tel ▶ 0570-056-710（学研グループ総合案内）

読者プレゼント
ウェブアンケートにお答えいただいた方のなかから抽選ですてきな賞品を多数プレゼントします！詳しくはチラシとウェブサイトをチェック☆
応募の締め切り **2022年7月31日**

URL https://www.arukikata.co.jp/guidebook/enq/arucotokyo

© Arukikata. Co., Ltd.
本書の無断転載、複製、複写（コピー）、翻訳を禁じます。
本書を代行業者等の第三者に依頼してスキャンやデジタル化することは、たとえ個人や家庭内の利用であっても、著作権法上、認められておりません。
All rights reserved. No part of this publication may be reproduced or used in any form or by any means, graphic, electronic or mechanical, including photocopying, without written permission of the publisher.
学研の書籍・雑誌についての新刊情報・詳細情報は、下記をご覧ください。
学研出版サイト URL https://hon.gakken.jp/

Line up! arucoシリーズ

国内
- 東京
- 東京で楽しむフランス
- 東京で楽しむ韓国
- 東京で楽しむ台湾

海外

ヨーロッパ
- ① パリ
- ⑥ ロンドン
- ⑮ チェコ
- ⑯ ベルギー
- ⑰ ウィーン/ブダペスト
- ⑱ イタリア
- ⑳ クロアチア/スロヴェニア
- ㉑ スペイン
- ㉖ フィンランド/エストニア
- ㉗ ドイツ
- ㉜ オランダ
- ㉝ フランス
- ㊲ ポルトガル

アジア
- ② ソウル
- ③ 台北
- ⑤ インド
- ⑦ 香港
- ⑩ ホーチミン/ダナン/ホイアン
- ⑫ バリ島
- ⑬ 上海
- ⑲ スリランカ
- ㉒ シンガポール
- ㉓ バンコク
- ㉔ アンコール・ワット
- ㉙ ハノイ
- ㉚ 台湾
- ㉞ セブ/ボホール/エルニド
- ㊳ ダナン/ホイアン/フエ

アメリカ/オセアニア
- ⑨ ニューヨーク
- ⑪ ホノルル
- ㉔ グアム
- ㉕ オーストラリア
- ⑧ カナダ
- ㉘ サイパン/テニアン/ロタ
- ㉟ ロスアンゼルス

中近東/アフリカ
- ④ トルコ
- ㉛ エジプト
- ⑭ モロッコ